Liederkunde zum Evangelischen Gesangbuch

Im Auftrag der Evangelischen Kirche in Deutschland

gemeinschaftlich mit
Ansgar Franz, Gerhard Hahn, Bernhard Leube,
Andreas Marti und Bernhard Schmidt

herausgegeben von

Ilsabe Alpermann und Martin Evang

Ausgabe in Einzelheften

Heft 24

Vandenhoeck & Ruprecht
in Göttingen

Verzeichnis der Mitarbeiterinnen und Mitarbeiter

Bernoulli, Peter Ernst, Theologe und Kirchenmusiker i. R., Rümlingen (CH): EG 464 * *Dehlinger, Frieder*, Pfarrer, Eislingen/Fils: EG 268 * *Evang, Dr. Martin* (s. Heft 19): EG 392 * *Fillmann, Dr. Elisabeth* (s. Heft 20): EG 265 * *Franz, Dr. Ansgar,* Professor für Liturgiewissenschaft an der Universität Mainz, Bingen: EG 214 T * *Jahn, Christine*, Pfarrerin, Baiersdorf: EG 495 * *Leube, Bernhard* (s. Heft 17): EG 334 * *Lütcke, Dr. Karl-Heinrich*, Propst i. R., Berlin: EG 476 * *Marti, Dr. Andreas* (s. Heft 6/7): EG 214 M; 293, 296, 300, 303, 316/317 M, 461 S * *Mawick, Gudrun* (s. Heft 22): EG 209 * *Meier, Dr. Siegfried* (s. Heft 20): EG 316/317 T, 461 T * *Monninger, Dorothea* (s. Heft 2): Redaktion * *Reich, Dr. Christa* (s. Heft 1): EG 481 * *Schäfer, Dr. Christiane* (s. Heft 14): Hymnologische Nachweise * *Schmidt, Dr. Bernhard* (s. Heft 8): EG 278 * *Schmidt, Thomas*, Kirchenmusikdirektor und Kapellmeister, Neuwied: EG 336, 337 * *Stalmann, Dr. Joachim* (s. Heft 1): EG 198, 325 * *Wissemann-Garbe, Dr. Daniela* (s. Heft 15): Hymnologische Nachweise

Bibliografische Information der Deutschen Nationalbibliothek
Die Deutsche Nationalbibliothek verzeichnet diese Publikation in der Deutschen Nationalbibliografie; detaillierte bibliografische Daten sind im Internet über http://dnb.de abrufbar.

Satz: Satzspiegel, Nörten-Hardenberg
Druck und Bindung: ⊕ Hubert & Co. BuchPartner, Göttingen
Printed in the EU.

Vandenhoeck & Ruprecht Verlage | www.vandenhoeck-ruprecht-verlage.com

ISBN 978-3-525-50347-8

198 Herr, dein Wort, die edle Gabe

EG 198 EM 422

Text

Verfasser Nikolaus Ludwig von Zinzendorf (Str. 1); Christian Gregor (Str. 2) **Vorlagen** Lk 10,39; Str. 2: *Marchesches Gesangbuch*, Görlitz 1731 und *Kleines Brüdergesangbuch*, London 1754 (vgl. Kommentar und Jehle 1918) **Quellen** (a) *Die Letzten Reden Unsers HErrn und Heylandes JEsu Christi* (Nikolaus Ludwig von Zinzendorf) Frankfurt und Leipzig 1725[1] (Str. 1) * (b) *Gesangbuch zum Gebrauch der evangelischen Brüdergemeinen*, Barby 1778[2] **Überschrift** (a) *Vierdte Abtheilung. 98.* (b) *7. Mel. 167* **Strophenbau** 8/4a- 7/4b, 8/4a- 7/4b, 8/4c- 7/4d 8/4c- 7/4d vgl. Frank 8.26 **Abweichungen** (a) 1,2 *Dieses Gold enthalte* mir; 1,3 ich *setz* es; 1,8 um *diß* Wort * EM: 2,7: und *auch so* zu **Verbindung TM** (a) ohne M * (b) ohne N, aber mit Melodiehinweis (s. Überschrift); unter der Melodienummer 167 sind im Register namentlich genannt: O *gesegnetes Regieren* und *Herz und Herz vereint zusammen* und *O Durchbrecher aller Bande* und *Herr und Gott der Tag und Nächte* und *O du Liebe meiner Liebe* * Alternativvorschlag im EG: *Herz und Herz vereint zusammen* (EG 251; in früheren Gesangbüchern wird diese Melodie auch mit dem Text *O du Liebe meiner Liebe* abgedruckt)

Melodie

s. *O Durchbrecher aller Bande* (EG 388)

Literatur

HEG II, 120f.223–225.358–360 ** ThustB 209f (Neufassung Ingelheim 2016, 191); Thust L I, 350f ** KLL (1878–1886) I, 255 ** JEHLE, Friedrich: Woher stammt die 2. Strophe des Liedes „Herr, dein Wort, die edle Gabe"?, MGKK 23 (**1918**) H. 2/3, 56f

Das kurze Lied wird zwei Autoren zugewiesen. Beide Strophen, erschienen im Abstand von 53 Jahren (1725 und 1778), sollen hier zunächst je für sich betrachtet werden, auch wenn beide um eine gemeinsame Mitte kreisen: Gottes *Wort, die edle Gabe* – jeweils höchst persönlich in Ich-Form, direkter Anrede und Bitte.

Für Zinzendorf bedeutet Gottes Wort eine *edle Gabe*, einen *Schatz* von unschätzbarem Wert. Der Originaltext definiert den Schatz sogar als *dieses Gold.* Das erinnert an Jesu Gleichnis vom Schatz im Acker, für den der Finder *alles verkaufte, was er hatte* (Mt 13,44). Dieser Schatz ist für den Beter kostbarer als der *größte Reichtum.* Aber klingt das nicht reichlich vollmundig? Da bedarf es doch immer wieder der Überprüfung und erneuten Orientierung! Zinzendorf

[1] Digitalisat: Sächs. Landes- und Universitätsbibliothek, Dresedn (http://digital.slub-dresden.de/ppn343695006/99).
[2] Digitalisat: Bayrische Staatsbibliothek, München.

findet sie in der kritischen Rückfrage: *Worauf* sonst sollte denn *der Glaube ruhn, wenn dein Wort nicht mehr soll gelten?* Was gäbe es sonst für ein verlässliches Fundament im Leben? Das war doch die reformatorische Erkenntnis! Aber der Pietismus denkt da in radikalen Alternativen. Gottes Wort gilt ganz oder gar nicht! Nicht bloß: „Ein bisschen Religion kann nicht schaden, wenigstens zu besonderen Anlässen." Wer diese Strophe zu singen sich einlässt, der soll sich dieser ernsthaften Anfrage aussetzen. Und dann ist der Schluss dieser Strophe wohl eher als Programm denn als Tatbestand zu verstehen: *Mir ist's nicht um tausend Welten, aber um dein Wort zu tun.*

Ein halbes Jahrhundert später hat dann Christian Gregor, Zinzendorfs Amtsnachfolger in der Leitung der Herrnhuter Brüdergemeine und Bearbeiter zahlreicher Zinzendorf-Lieder, diese Einzelstrophe mit einer zweiten zum Lied erweitert. Glaube entfaltet sich in Taten, das soll klargestellt werden. Eine zweistrophige Frühform von Str. 2 fand sich in einem Herrnhuter Gesangbuch von 1731.[3] Sie wurde im Kleinen Gesangbuch von 1754 zu einer Strophe zusammengezogen:

Halleluja, ja und amen,
gib mir Treuer und Wahrhafter
vest bey deinem wort zu stehn.
Laß mich deinen gang nachahmen
und dann wieder dir zu füssen
mit Maria sitzen gehn.[4]

Gregor hat diesen Rohstoff im Brüdergesangbuch von 1778 der Zinzendorf-Strophe 1 angeglichen und ihr neu zugeordnet. Der Rekurs auf Maria und (unausgesprochen) auch auf Martha lag schon in der Strophe von 1754 vor: nicht nur *stehn* bleiben bei Jesus, sondern auf dem Weg seiner Nachfolge *gehn*, also sich in Bewegung setzen lassen, wie Martha *eifrig* und *beflissen*, von *früh bis spät* seiner Sache *dienen*, aber *zugleich* immer wieder *wie Maria* auf ihn und sein Wort hören. Damit dürfte Christian Gregor Zinzendorfs und der Herrnhuter Brüdergemeine Verständnis einer „Praxis pietatis" zum Ausdruck bringen (heute würde man vielleicht von „tatkräftiger Spiritualität" sprechen). Da ging es um die konsequente Verbindung von Gottes- und Nächstenliebe, wie sie in dem biblischen Schwesternpaar Maria und Martha personifiziert erscheint. Gregor war Organist und Direktor der Herrnhuter Kirchenmusik; er hat u. a. wie eine Art Wahlspruch 1. Korinther 13,13 vertont, wo von *Glaube, Hoffnung, Liebe* gesungen wird – *aber die Liebe ist die größte unter ihnen.* Von daher darf die durchgängige Ich-Form des Liedes nicht individualistisch, sie muss vielmehr als Gemeindebekenntnis aufgefasst – und praktiziert! – werden. Das Lied ist vor allem als Lied *vor* der Predigt passend, eignet sich auch nach einer das Wort Gottes selber thematisierenden Predigt.

[3] Jehle 1918; die Angabe des EG „nach Joachim Neander 1680" wurde schon 1918 durch Jehle widerlegt.

[4] Jehle 1918, 57.

Das Lied stand im Vorgänger-Gesangbuch (EKG) nur in einigen Regionalanhängen (meist nur die 1. Strophe). Es wurde gern auf die Melodie von EG 251 *Herz und Herz vereint zusammen* gesungen, die auch im EG noch als Alternative gilt. Primär aber ist ihm nun die Melodie von EG 388 *O Durchbrecher aller Bande* zugewiesen, die zuerst in dem Halleschen Gesangbuch von 1704 erschien.

JOACHIM STALMANN

209 Ich möcht, dass einer mit mir geht

EG 209 KG 208

Text

Verfasser Hanns Köbler **Entstehung** 1964 zum Tutzinger Wettbewerb für neue geistliche Lieder (preisgekrönt), vgl. Q **Quelle** *GOTT IST DA. NEUE GEISTLICHE LIEDER. Aus dem 3. Wettbewerb der Evangelischen Akademie Tutzing*, Regensburg 1964 **Strophenbau** A8/4a A8/4a A7/3b 4/2b- A8/4a **Verbindung TM** wie EG, aber 3st.

Melodie

Incipit -5 1_13b_3b 2__.-5 1_. **Verfasser** Hanns Köbler **Entstehung** s. o. **Quelle** s. o. **Ambitus** G: 8; Z: 6666 **Abweichungen** KG: Zeilenübergänge mit ganzer Note, Pausentakt mit Auftakt zur neuen Zeile **Verbindung MT** wie EG

Literatur

HEG II, 183f ** ThustB, 215 (Neufassung Ingelheim 2016, 197); ThustL I, 367f ** RößlerL (^{2}2001) 986 ** SAUER-GEPPERT, Waltraut Ingeborg: Evangelisches Gesang- und Gebetbuch für Soldaten, JLH 23 (**1979**) 170–183, bes. 181 * SCHROETER, Harald: Schätze in irdenen Gefäßen – sind unsere neueren Tauflieder verwässert und vergeistigt? Eine kritische Übersicht von Taufliedern ab 1945, Der Evangelische Erzieher. Zeitschrift für Pädagogik und Theologie 40 (**1988**) 184–202 (bes. 197) * GIERING, Achim: Das Vorbild. Text und Melodie EG 209, Chl 48 (**1995**) 1–3

1964 dichtete und komponierte Hanns Köbler Text und Melodie von *Ich möcht, dass einer mit mir geht.* Damit nahm der Freisinger Schulpfarrer am dritten Wettbewerb der Evangelischen Akademie Tutzing für neue geistliche Lieder teil. Diese Preisausschreiben hatten zum Ziel, christliche Songs mit populären musikalischen Stilmitteln der Zeit anzuregen, zu veröffentlichen[1] und zur Debatte zu stellen. *Ich möcht, dass einer mit mir geht* gewann zusammen mit zwei heute kaum noch bekannten anderen Titeln einen Preis. Daraufhin verbreitete sich das Lied rasch.

Die vier Strophen von EG 209 sind bewusst in Umgangssprache gehalten. Besonders auffällig sind dabei fehlende Vokale am Wortende (Apokopen) bei den Worten *möcht'* und *wart'* oder Apostroph-s bei *der's.* Alle Strophen bestehen jeweils aus zwei Sätzen, einem langen und einem kurzen.

Die Strophen 1–3 folgen dem gleichen Schema: *Ich möcht' – Ich wart' – Es heißt, dass einer mit mir geht.* Wer das ist, bleibt offen. Es folgen je zwei Relativsätze, die alle die ersehnte Beziehung zum Ich des Liedes beschreiben.

[1] In den Stammteil des EG wurden als in Tutzing prämierte Beiträge außerdem *Danke für diesen guten Morgen* (EG 334) und *Komm, sag es allen weiter* (EG 225) aufgenommen.

Jede der drei Strophen endet mit der Wiederholung des ersten Verses. Das gesamte Lied ist ganz aus der Perspektive des singenden Ich formuliert.

Köbler schreibt sein Lied im Blick auf Jugendliche. In dieser Lebensphase ist „mit jemandem gehen“ der umgangssprachliche Ausdruck für die Sehnsucht nach einem Freund/einer Freundin. Die Verbindung *mit mir geht* drückt einerseits eine ständige Bewegung aus. Doch sie ist mit dem Wunsch nach einer dauernden Begleitung kombiniert, der jedoch zunächst unbestimmt bleibt. Durch die Aneinanderreihung von Nebensätzen wirkt der Text stammelnd und tastend, auch wegen des noch nicht beim Namen genannten Objektes. Aufgrund seines festen Aufbaus, der vielen Wiederholungen und des begrenzten Vokabulars strahlt er aber auch eine gewisse Verlässlichkeit aus.

In der ersten Strophe sind Wünsche nach einer umfassenden Begleitung des Ich auf seinen Wegen formuliert. Dabei ist der Bogen weit gespannt, denn die ersehnte Gestalt möge das Leben an sich kennen, aber auch *mich* individuell verstehen und sich *zu allen Zeiten* auf *mich* beziehen. Unausgesprochen steht hier bereits im Hintergrund, wie Gott Menschen nach dem biblischen Zeugnis begleitet (z.B. 1. Mose 28,15: *Ich bin mit dir und will dich behüten, wo du hinziehst* oder Jesaja 48,17: *Ich bin der HERR, dein Gott, der dich lehrt, was dir hilft, und dich leitet auf dem Wege, den du gehst*).

Die zweite Strophe entwickelt den bloßen Wunsch zu einer Haltung der Erwartung (*ich wart'*) weiter und grenzt *Leben* und *Zeiten* etwas ein. Denn mit *im Schweren* sind hier Ausschnitte und Phasen des ganzen Lebens präzisiert, mit *dunklen Stunden* ebenso solche aus *allen Zeiten*.

Begannen die beiden ersten Strophen mit *ich*, so fängt die dritte mit einem Ausdruck unbestimmten Hörensagens (*es heißt*) an und endet gemäß der Struktur auch damit. Im Mittelteil wird der genaue Wortlaut aus der ersten Strophe unter dem Vorzeichen *es heißt* wiederholt. Damit gelingt es dem Autor, einen Bezug zur Verkündigung herzustellen. Aber er tut dies nicht vollmundig, sondern bleibt in der Schwebe zwischen Hoffen und Skepsis.

In der vierten Strophe bekommt Kontur, was in der dritten Strophe als Gerücht und vage Möglichkeit erschien: *es heißt*. Eine zwar ungenannte, aber offenbar nicht unbekannte Gruppe (*sie*) legt ein Bekenntnis ab. Sie weist dem bisher unbestimmten Objekt der Sehnsucht einen Namen, einen Weg und einen Willen zu. Dabei bleibt die enge Bindung zwischen dem Ich und dem in den vorangegangenen Strophen noch namenlos ersehnten, erwarteten und verheißenen *Herren Christ* bestehen. Die unvermittelt klare, theologische Sprache bewirkt eine „Fallhöhe“ zum Vorangegangenen. Durch die Lüftung des Rätsels um die ersehnte Person wird das *sie* nun ebenfalls identifiziert: Es ist die Gemeinschaft der Kirche, die Christus bekennt und an seine Begleitung durch das Leben glaubt. Am Ende erscheint das Ich also nicht mehr allein mit seiner Sehnsucht, sondern kann von Christus und seiner Kirche durch das eigene Leben geleitet werden – *zu allen Zeiten* (Str. 3) in *Leid und Freuden*[2]. Ein

[2] Damit greift Köbler eine traditionelle Zwillingsformel auf, z. B. EG 372,4 *ich will mich ihm ergeben / in Freud und Leid.*

fulminantes „happy end“ im Spannungsbogen des Liedes gibt es jedoch nicht, kein deutliches Bekenntnis des Ich als Antwort auf das Christusbekenntnis der Kirche. Der letzte Vers knüpft formal an die erste Strophe an. Doch der vage Wunsch nach Begleitung ist nun konkret an den *Herren Christ* gerichtet: *Ich möcht', dass er auch mit mir geht.* Damit kommt zugleich die Möglichkeit der Gemeinschaft mit anderen in den Blick, die mit dem *auch* eher angedeutet als ausgesprochen wird.

Das Lied ist anfänglich in einer religionsfreien Sprache[3] verfasst. Die ist in den ersten drei Strophen so konsequent durchgehalten, dass es fraglich ist, ob die singende Person eher nach einer nur menschlichen Begleitung sucht - oder nach Gott. Hier findet die liberale Theologie der Zeit im Lied ihren Niederschlag. Die das Werk von Paul Tillich prägende Theologie der Frage des modernen Menschen findet hier einen Ausdruck. Deutlich wird, dass die existenziellen Fragen religiöse sind - und umgekehrt. Auch wenn aus christlicher Perspektive aktuelle Antworten formuliert werden können, bleiben die Fragen dennoch bestehen. Dagegen wirkt die christozentrische Theologie in der letzten Strophe steil und steht in einem Gegensatz zum bisher tastenden Charakter des Liedes. Weil aber das Ich kein Bekenntnis zu Christus ablegt, bleibt dennoch Raum für verschiedene Bedürfnisse im Rahmen seines Wunsches nach Begleitung.[4]

Damit versucht der sozialwissenschaftlich aufgeschlossene Theologe, Musiker und Pädagoge Köbler in dreifacher Weise auf die Bedürfnisse seiner Jugendlichen einzugehen: inhaltlich aus der Perspektive des sich als einsam und unverstanden Fühlenden mit der Suche nach Orientierung und Begleitung, vielleicht auch nach einem Vorbild. Als Stilmittel verwendet er Umgangssprache und musikalische Anklänge an zeitgenössische Pop- und Liedermachersongs. Seine Methode schließlich ist von einer induktiven Fragerichtung gekennzeichnet, die vom fragenden Ich ausgeht und nicht deduktiv von christlichen Bekenntnissätzen.

Von daher ermöglicht der Spannungsbogen des Liedes, sich „an das Glaubensziel von Strophe zu Strophe näher, deutlicher und persönlicher heranzutasten.“[5] Jedoch bleibt unsicher, ob es erreicht wird und ob der Mensch dabei bleiben kann.

Der dauerhafte Erfolg dieses Liedes liegt sicher im Ausdruck diffus bleibender Sehnsüchte: Der allgegenwärtigen Fraglichkeit Gottes entsprechen stark

[3] Damit steht es im Kontext der Forderung von Dietrich Bonhoeffer nach einer religionslosen Sprache der Verkündigung. Danach lässt sich nur weltlich von Christus reden. Denn er umfasst radikal diesseitig alle Lebensbereiche.

[4] Diese Spannung macht das Lied bis heute anschlussfähig und attraktiv. Aufschlussreich ist in diesem Zusammenhang das Interview mit einem Taufelternpaar: „... mir gefällt an dem Lied, daß man es nicht so verstehen *muß*. Und dass ... dieser Eine auch ein ... Mensch sein kann, außerdem Jesus war auch ein Mensch ... also jeder Mensch kann ja sozusagen auch stellvertretend für diesen Einen sein oder umgekehrt.“ Vgl. Britta Martini, Sprache und Rezeption des Kirchenliedes, Göttingen 2002, 312.

[5] Zitiert nach ThustL I, 367.

individualisiert artikulierte Bedürfnisse. Beidem kommt jedoch die traditionelle, wenn auch distanzierte Formulierung des österlichen Christus in Str. 4 entgegen. Sie kann auf den individuellen Wunsch bezogen werden, ohne dass ein Bekenntnis selbst ausgesprochen wird.

Die Melodie kommt mit wenigen Bausteinen aus und enthält daher viele Wiederholungen. In der ersten und der letzten Zeile sind sowohl der Text als auch die Töne gleich. Die zweite wiederholt eben diese Melodie eine Terz höher. Alle Zeilen umfassen je drei Takte, die dritte und vierte sind zu einem viertaktigen Stück zusammengezogen. In jeder dieser vier Einheiten bewirkt eine über die Taktmitte gehaltene Note im vorletzten Takt eine verlangsamende Dehnung des vorherigen lang-kurz-, lang-kurz-Schemas des Taktes. So sind Fortschreiten und Innehalten auf regelmäßige Art und Weise miteinander verwoben. Wegen ihres sparsam gleichmäßigen Aufbaus mag die Melodie eintönig wirken. Aber ihre Elegie kann auch tröstend erscheinen, zumal mit der Gleichheit der ersten und der letzten Zeile das Lied merkwürdig unabgeschlossen wirkt und scheinbar ewig weitergesungen werden kann.

Seinen Autor hat es noch am Ende seines Lebens begleitet: Hanns Köbler starb am 1.8.1987 unter den Klängen seines auf Kassette abgespielten Liedes *Ich möcht, dass einer mit mir geht.*[6]

Das Lied steht im EG in der Rubrik „Tauflieder“, als solches ist es bis heute beliebt[7], hat aber auch in Traugottesdiensten[8] seinen Platz. Ebenso wird es im Kindergottesdienst, im Konfirmandenunterricht und in der Jugendarbeit weiterhin gesungen.[9]

Der tastende Charakter des Liedes verweist darauf, dass die Frage nach Gott nicht verhallt, die Sehnsucht nach Gott nie gestillt sein kann, sondern sich durch den ganzen Lebensweg zieht. Und dies lässt es auch im 21. Jh. noch aktuell sein.

Gudrun Mawick

[6] Vgl. ebd., 368.

[7] In Taufliederlisten im Internet steht es häufig weit vorne.

[8] Hier wird der Schwebezustand zwischen partnerschaftlich-menschlich verbundener Gestaltung des Lebensweges und der durch Gott durch den Kasus noch einmal stärker deutlich.

[9] Eine Stichprobe in zwei Klassen (9.+12.) des Clara-Schumann-Gymnasiums in Holzwickede am 15.09.2016 untermauert diese Beobachtung.

214 Gott sei gelobet und gebenedeiet

EG 214(ö) GL2 215 (ö)

Text

Verfasser Martin Luther **Vorlagen** volkssprachlicher Leis aus der 2. Hälfte des 14.Jh. zur Fronleichnamssequenz *Lauda Sion salvatorem* (W II,989) * Älteste Quelle mit sicher lesbaren Noten ist die Handschrift München, Franziskanerkloster St. Anna 12° Cmm82, Bl.33/Faks in JLH 9 (1964) Tafel II gegenüber S. 97 (Mainzer Prozessionale, um 1400) **Quellen** (a) *Eyn Enchiridion oder Handbüchlein* und *Enchiridion Oder eyn Handbuchlein* (Erfurter Enchiridien zum Färbefaß und Schwarzen Horn), Erfurt 1524 (DKL 1524[03] und 1524[05]) * (b) *Geystliche gesangk Buchleyn* (Johann Walter), Wittenberg 1524 (DKL 1524[18]) **Überschrift** (a) *Der gsang Got sey gelobet* **Ausgaben** W III, 11; WA 35, 452f (Nr. 23); WA.A4, 163f (Nr. 4); HahnL 7 (Nr. 5) **Strophenbau** 11/$\underline{5}$a- 8/$\underline{4}$a- 11/$\underline{5}$b- 8/$\underline{4}$b- R: Kyrieleison 9/$\overline{5}$c $\overline{(10)}$/($\underline{5}$)c 6/$\underline{3}$d 7/$\overline{4}$d R: Kyrieleison **Abweichungen** (a+$\overline{b}$) 1,6 Herr *durch deynen heyligen leichnam;* 1,8 *Vnd das heylige* Blut; 2,1 heilig *Leychnam* ist; 2,3 *kund* er uns *geschenken* * GL2: Vv 1,5–10 des EG werden als Kehrvers für alle drei Strophen verwendet; 2,1 *Dein heilger Leib ist in den Tod gegeben;* 2,2 wir *alle*; 2,4 wir *solln sein*; 3,4 dass *die Speis uns* **Verbindung TM** (a) ohne M * (b) wie EG

Melodie

Incipit 1__1_1_2__2__4_.54_3_2__1__ **Vorlage** Leis s. o. Text/Vorlage **Quellen** s. o. Text/Quelle b **Ausgaben** Z IV,8078; WA 35, 452f (Nr. 23); WA.A4, 163f (Nr. 4); Johann Walter, Sämtliche Werke, Kassel 1953–1955, Bd. I, Nr. 3 und Bd. III, Nr. 5; DKL III/1.2 Eb1α **Ambitus** G: 9; Z: 58(58)2483b43 **Abweichungen** Oktave tiefer; Z. 2(4) N. 4–8 *e'* (-ber) *f'* (hat) *e'* (ge-) *d'f'* (spei-) Ganze *g'* (-set); Z. 7 N. 5–7 *c''h'* (Mut-) Viertel *a'* (-ter) *a'* (Ma-); Z. 8 N. 5 *a'* **Verbindung MT** in der Q wie EG * *Gott sei gelobet und gebenedeiet* (Cyriakus Querhamer?; bei Vehe 1537; W V,1185), *Gott wolln wir loben, der mit edlen Gaben* (Petrus Herbert; Böhmische Brüder 1566; Z IV,8079a); *Ich will von Herzen danken Gott dem Herren* (Cornelius Becker 1602); *Herr Jesu Christe, mein getreuer Hirte* (Johann Heermann 1630; EG 217)

Literatur

HEKG (Nr. 163) I/2, 280f; III/1, 523.539–542; Sb, 251–253; HEG II, 204–208.211f.352–354 ** WGL1 IV, 173–176; ThustB, 217f (Neufassung Ingelheim 2016, 199–201); ThustL I, 374–377 ** EEKM (1888–1895) I, 497f; WA (1883ff) 35, 181–184.452f.514f.615; WA.A4 (1985) 59.163f; DKL III (1993–2010)/1.2 Textbd. 109–111, 2 Textbd. 294f, Abschließender Kommentarbd. 203–205; MöllerQ (2000) 59.61f.72.230 ** WINTERFELD, Carl von: Der evangelische Kirchengesang und sein Verhältnis zur Kunst des Tonsatzes, Band I, Leipzig **1843** (Nachdruck Hildesheim 1966), 117 * SPITTAL, **1905**, 215–219 * MÜLLER, Christa: Luthers

Tauflied, MGKK 40 (**1935**) 173–189 (bes. 184) * JENNYG **1962**, 210 (Nr. 09) * LIPPHARDT, Walther: Ein Mainzer Prozessionale (um 1400) als Quelle deutscher geistlicher Lieder, JLH 9 (**1964**) 95–121 * AMELN, Konrad: Zur Frage der Datierung des „Teutsch Kirchen ampt", JLH 12 (**1967**) 140–148 (bes. 145f) * LIPPHARDT, Walther: Zwei neu aufgefundene Nonnengebetbücher aus der Lüneburger Heide als Quelle niederdeutscher Kirchenlieder des Mittelalters, JLH 14 (**1969**) 125.129.Taf. V * HAHNEV **1981**, bes. 215–221.224–227 * ASPER, Ulrich: Aspekte zum Werden der deutschen Liedsätze in Johann Walters „Geistlichem Gesangbüchlein" (1524–1551), Baden-Baden **1985**, 112–114 * VEIT, Patrice: Das Kirchenlied in der Reformation Martin Luthers. Eine thematische und semantische Untersuchung, Stuttgart **1986**, 54–58.72–76 * HEITMEYER, Erika: Das Gesangbuch von Johann Leisentrit 1567, St. Ottilien **1988**, 115.172–185 * STOCK, Alex: Gott sei gelobet und gebenedeiet, in: Wunderhorn **2001**, 76–83 * KORTH, Hans-Otto: Einstimmige wissenschaftliche Edition, JLH 43 (**2004**) 212–234 (bes. 222f) * WALTER, Meinrad: „Sing, bet und geh auf Gottes Wegen ..." 40 neue und bekannte geistliche Lieder erschlossen, Freiburg u. a. **2013**, 141–144 * DERS.: Lass uns leuchten des Lebens Wort. Die Lieder Martin Luthers, Halle/Beeskow **2017**, 116–123 * HEIDRICH, Jürgen/ SCHILLING, Johannes (Hg.), Martin Luther. Die Lieder, Stuttgart **2017**, 24–26, 155–157 * FRANZ, Ansgar: Gott sei gelobet und gebenedeiet, in: Ansgar Franz, Hermann Kurzke, Christiane Schäfer (Hg.): Die Lieder des Gotteslob. Geschichte - Liturgie - Kultur, Stuttgart 2017, 399–404.

„Im Jahre 1523 wurde in Wittenberg das Fronleichnamsfest abgeschafft. Es galt als Inbegriff jener mittelalterlichen Fehlentwicklung der Eucharistie, die Luther mit seiner Gottesdienstreform korrigieren wollte. Aus dem damit hinfällig gewordenen liturgischen Textcorpus sollte aber ein kleines Stück bewahrt werden, das nicht zum offiziellen lateinischen Bestand gehörte, sich im Laufe des 15. Jahrhunderts aber angegliedert hatte [...]"[1], nämlich der Leis *Gott sei gelobet und gebenedeiet.* Seine älteste heute bekannte Quelle für Text und Melodie ist ein um 1390 im Mainzer Weißfrauenkloster entstandenes Prozessionale;[2] hier wird die Leise als volkssprachiger Einschub in die von einem Klerikerchor vorgetragene lateinische Sequenz *Lauda Sion Salvatorem* gesungen: der erste Vierzeiler der Leise nach den geraden Strophen der Sequenz, der zweite Vierzeiler nach den ungeraden. – Dem hier abgedruckten Text der Leise ist zum Vergleich Luthers Bearbeitung von 1525 aus Johann Walters Chorgesangbuch zur Seite gestellt, wo sie zum ersten Mal mit Melodie erschien; Luthers Text ohne Melodie war bereits in den ein Jahr zuvor veröffentlichten Erfurter Enchiridien enthalten:

[1] Stock 2001, 77f.

[2] Heute verwahrt im Franziskanerkloster St. Anna, München; vgl. Walter Lipphardt 1964, 95–121 (Faks der Leise bei Lipphardt, Tafel II).

	Mainz (um 1390)	**Luther (1525)**
1,1	*God sy gelobbet vnd gebenedyet*	*Got sei gelobet und gebenedeiet*
1,2	*der uns alle hayt gespijssit*	*der uns selber hat gespeiset/*
1,3	*mydt synem fleysch mydt synem blude*	*mit seinem fleysche und mit seinem blute/*
1,4	*das gibbe unß lieber herre got zu gude.*	*das gib vns, herr Gott, zugute/*
1,5	*das hylge sacramente an unßrem lesten ende*	
1,6	*vß des gewijten priesters hende*	
1,7	*kyrieleyson*	*Kirieleyson.*
2,1	*O herre dorch dynen heilgen fronlijchenam*	*Herr durch deinen heiligen leichnam*
2,2	*der von dyner mutter marien quam*	*der von deiner mutter Maria kam/*
2,3	*und das heyllige bludt*	*Und das heilige blut/*
2,4	*nu hilff unß herre uß aller unßer noid*	*hülf uns Herr auß aller not/*
2,5	*kyrieleyson*	*Kirieleyson.*

Die Zeilen 1,5-6, die die Symmetrie der beiden (ursprünglich jeweils vierzeiligen) Strophen stören, sind ein sekundärer Zusatz. Er trägt der damals gängigen Kommunionpraxis Rechnung: Seit dem Hochmittelalter ist der Kommunionempfang der Gemeinde längst aus der Messfeier verschwunden. Gewöhnlich kommunizierte man wenige Male im Jahr - das IV. Laterankonzil von 1215 verpflichtete zu einem Kommunionempfang sogar nur einmal jährlich - und eben auf dem Sterbebett. Mit *an unßrem lesten ende* werden die Zeilen *das gibbe unß lieber herre got zu gude* zu einer Bitte um eine gute Sterbestunde verengt. Luther erkennt die Verse als Zusatz und wendet sich ausdrücklich gegen sie. In seiner „Formula Missae et Communionis" (1523) schlägt er die Leise zum Kommunionempfang („nach der wandlung") vor, aber er schärft ausdrücklich ein: „Doch soll man darynn aus lassen das stücklein / *Und das heylig Sacrament / an unserm letzen ende / aus des geweyhten priesters hende* / Denn das mag wol hinzugesetzt worden seyn / von eym der sanct Barbara geehrt hat / und all sein Leben lang / nicht viel geacht dis sacraments /alleyn gehofft er wolt / so er sterben sollt / durch das eynig gut werk / on glauben eyn gehen zum leben."[3] Luther wendet sich gegen ein gleichsam magisches Verständnis der Sterbekommunion: Man könne zeit seines Lebens das Sakrament gering achten und brauche sich nur an die Heilige Barbara zu halten (sie war die Schutzpatronin gegen einen jähen Tod, der keine Zeit mehr ließ für die Sterbekommunion), dann werde die Kommunion in der Todesstunde als ein ‚gutes Werk' schon zum Heil genügen, auch ohne Glauben.[4] Dagegen richtet sich Luthers Kritik. Aber ohne diesen Zusatz hält er die Leise für „ein Christlich rein, fein bekenntnis und von einem rechten Geist gemacht"[5]. Um das magische Missverständnis und damit

[3] WA 12, 218 lateinisch; deutsch von Paul Speratus bei MöllerQ, 72.

[4] Vgl. HahnEv, 218f.

[5] Von der Winkelmesse und Pfaffenweihe [1533], WA 38, 246; Luther sieht in dem Leise-Lied ein Zeugnis dafür, dass die Gläubigen „zur selbigen zeit, da es gemacht ist, beider gestalt [Brot und Wein] empfangen" hätten, was geschichtlich gesehen unrichtig ist; der ‚Laienkelch' wird spä-

den Missbrauch der Kommunion auszuschließen, verknüpft er die beiden Vierzeiler der Leise zu einer Strophe und verfasst noch zwei weitere, die Vers 1,4 der Vorlage (*das gibbe unß lieber herre got zu gude*) an die biblische Verkündigung zurückbinden.

Luthers neu geschaffene Strophen knüpfen formal und inhaltlich an die mittelalterliche Leise an:

2. *Der heilge leichnam ist für uns gegeben*
zum tod/ das wir dadurch leben/
Nit grösser güt kund er uns schencken/
dabei wir sein söln gedencken/
Kyrieleison.
Herr dein lieb so gros dich zwungen hat/
dz dein blut an uns gros wunder that/
Und bezalt unser scholdt/
das uns Gott ist worden holdt/
Kyrieleison.

3. *Gott geb uns allen seiner gnaden segen/*
das wir gehen uff seinen wegen/
Inn rechter lieb und brüderlicher trewe/
das uns die speiß nit gerewe/
Kyrieleison.
Her dein heilig geyst uns nimmer laß/
d' uns geb zu halten rechte maß/
das dein arm Christenheyt/
leb inn frid und einigkeyt/
Kyrieleison.

Strophe 2 akzentuiert ausdrücklich das *für euch* des Einsetzungsberichtes, das sich in dem *für uns* des Liedes spiegelt.[6] In Luthers ‚Deutscher Messe' (1526) hat er folgenden Wortlaut: „Vnser herr Jhesu Christ / ynn der nacht da er verraten ward / Nam er das brod / danckt und brachs / vnd gab es seinen jungern vnd sprach: Nempt hin und esset / das ist meyn leyb / der für euch gegeben wird / Solchs thut sooft yhrs tut / zu meinem gedächtnis" – *Der heilig Leib, der ist für uns gegeben ... dabei wir solln sein gedenken.* „Desselben gleychen auch den kilch / nach dem abendmal vund sprach/ nempt hyn und trinket alle draus / das ist der kilch / eyn new testament ynn meinem blut / das fur euch vergossen wird zur vergebung der sunde / solchs thut / so offt yhrs trinckt / zu meynem gedächtnis"[7] – *daß dein Blut an uns groß Wunder tat / und bezahlt unsre Schuld.* Der in der liturgischen Tradition des Mittelalters nur leise und lateinisch durch den Priester zu rezitierende Einsetzungsbericht wird im Kommunionlied der Gemeinde auf dem Hintergrund johanneischer Jesus-Worte verkündigend entfaltet. Die Fügung *gegeben, zum Tode, dass wir dadurch leben* erinnert an: *Ich bin das lebendige Brot, das vom Himmel gekommen ist. Wer von diesem Brot isst, der wird leben in Ewigkeit. Und dieses Brot ist mein Fleisch, das*

testens seit dem 12./13. Jh. nicht mehr geübt. Doch ist der Fokus von Luthers Argumentation kein historischer, sondern ein theologischer: „Und uber aus ist das gründlich und Christlich geredt, da sie sagen, Christus habe sie selbst gespeiset. Nicht der Pfarrher noch Priester. Sondern Christus selbs sey der Speiser, der alda durch seine ordnung und nicht durch Priesters werck uns seinen leib und sein blut gebe. Jtem, das sie es nicht ein opffer noch gut werck, [...] sondern eine speise für jre seelen rhümen" (ebd.).

[6] Vgl. HahnEv, 219: „[Die 2. Strophe] ist nichts anderes als eine Paraphrase der Einsetzungsworte – Paraphrase, die den biblischen Wortlaut in den literarischen Möglichkeiten der deutschen Strophe und für ihren liturgischen Ort aktualisiert, nicht einfach gereimtes Zitat."

[7] WA 19, 60B.

ich geben werde für das Leben der Welt (Joh 5,61). *Nicht größre Güte konnte er uns schenken* greift Johannes 15,13 auf: *Niemand hat größere Liebe als die, dass er sein Leben lässt für seine Freunde.*

Nach der Verkündigung der Einsetzungsworte in Luthers Strophe 2 (*Der heilge Leib, der ist für uns gegeben ...*) folgt in Strophe 3 die Bitte, der Kommunionempfang möge die rechten Früchte bringen (*Gott geb uns allen seiner Gnade Segen ...*). Dem „für euch" muss ein „füreinander" der im gemeinsamen Mahl Vereinten folgen. Unmittelbar vor der oben zitierten Johannesstelle heißt es: *Das ist mein Gebot, dass ihr euch untereinander liebt, wie ich euch liebe* (Joh 15,12). Wer dies bei der Feier des Herrenmahls missachtet, so mahnt Paulus in seinem Schreiben an die durch Spaltungen zerrissene Gemeinde von Korinth, der *isst und trinkt sich selber zum Gericht* (1. Kor 11,29). Die Gemeinschaft mit Christus im sakramentalen Leib muss in die Gemeinschaft der Kirche als Leib Christi führen – *in rechter Lieb und brüderlicher Treue, / dass uns die Speis nicht gereue.* Liturgie und Lebenswirklichkeit sind nicht zu trennen. In seiner Predigt am Gründonnerstag 1523 verdeutlicht Luther: „Es sind zwei Nutzen und Früchte des Sakraments. Die erste, die uns macht zu Brüdern und Miterben Christi, also daß wir werden ein Kuchen mit Christo. Die ander macht, daß wir auch werden ein Kuchen miteinander als mit dem Nächsten".[8] Der im zweiten Teil der Strophe erbetene Beistand des Geistes (*Herr, dein Heilig Geist uns nimmer lass*[9]) zielt ebenfalls auf diese Einheit. Nachdem Paulus in 1. Korinther 11 den zerstrittenen Korinthern die Abendmahlsüberlieferung in Erinnerung gerufen hat, kommt er in Kapitel 12 auf die Gaben des Geistes und die Gemeinde als Leib Christi zu sprechen: *Denn wie der Leib einer ist und doch viele Glieder hat, alle Glieder des Leibes aber, obwohl sie viele sind, doch ein Leib sind: so auch Christus. Denn wir sind durch einen Geist alle zu einem Leib getauft* (1. Kor 12,12). Auf diesem Hintergrund ist die Bitte *uns geb zu halten rechte Maß* weniger im Sinne eines asketischen Maßhaltens zu verstehen denn als Treue zu den jeweils unterschiedlichen Charismen:[10] Der *Heilig Geist* teilt *einem jeden das Seine zu, wie er will* (1. Kor 12,11). Erst daraus resultieren *Fried und Einigkeit.*

Gott sei gelobet und gebenedeiet etabliert sich Luthers Vorgaben gemäß als das klassische Lied nach dem Empfang der Kommunion; man könnte es, verglichen mit der mittelalterlichen Messe, als eine Art „Postcommunio" (Gebet nach der Kommunion) bezeichnen, die nun nicht mehr lateinisch und leise allein von dem Vorsteher gesprochen, sondern von der gesamten Gemeinde gemeinsam und vernehmlich in der Volkssprache gesungen wird. Das Lied verbreitet sich noch im 16. Jh. rasch, es findet sich schon bald im Westen (etwa Straßburg

[8] WA 12,476.

[9] *Nimmer lass*: lass uns nicht; bleibe immer bei uns.

[10] Vgl. Stock 2001, 81; Herbert Nitsche erklärt in HEKG III/1, 541 die Bitte um das ‚rechte Maß' eher aus der historischen Situation bei der Entstehung des Liedes: „Die geschichtliche Stunde, in der es Luther dichtete (Sommer 1524), mit den sich mehrenden Nachrichten von der um sich greifenden schwärmerischen ‚Geist'bewegung, legt es nahe, mit besonderem Nachdruck um das ‚rechte Maß' des Geistes zu bitten."

1557) wie im Osten des deutschen Sprachgebiets (etwa Breslau 1597, später auch in Riga 1761). In den großen und auflagenstarken Reihengesangbüchern wie der Praxis Pietatis Melica (1653ff), dem Freylinghausenschen (1704ff) und dem Porstschen Gesangbuch (1713ff) hat es unter den ‚geistreichen' und ‚lieblichen Liedern' des ‚Herrn Doktor Martin Luther' seinen festen Platz, ebenso wie in dem für die Herausbildung eines evangelischen Lieder-Kanons wichtigen Deutschen Evangelischen Gesangbuch für die Schutzgebiete und das Ausland (Berlin 1915). Die Texttradition bleibt dabei konstant, lediglich die Orthographie passt sich an. Sprachliche Modernisierungen werden nur behutsam vorgenommen; noch das EKG (1950) hat in Strophe 1,6 und 2,1 den Begriff *Leichnam* belassen, ihn aber mit einem Asteriskus als „Leib" erklärt.

Eine katholische Rezeption setzt, wie bei den meisten Liedern Luthers, erst spät ein. Zwar nimmt das New Gesangbüchlin des Dominikaners Michael Vehe 1537 ein Lied auf, das in der ersten Strophe textlich und melodisch mit dem Lutherlied identisch ist, doch folgen dann vier Strophen, die gänzlich andere Wege gehen. Im zweiten Teil der zweiten Strophe heißt es hier: *Wider allen hunger und auch durst / wie du in dir selbst erfahrn würst / so du die heylige speyß / gebrauchen würst auff geystlich weyß. / Kyrieeleyson.* An die Stelle des realen Empfangs (sumptio) tritt, damaliger katholischer Praxis folgend, der ‚geistliche Empfang' (adoratio). Dieses fünfstrophige Lied wird vereinzelt bis ins 17. Jh. tradiert, dann verebbt die Überlieferung. Erst der Sammlung Kirchenlied (1938) gelingt es, das Lutherlied dauerhaft im katholischen Bereich zu beheimaten. Es wird von dort in die Einheitslieder (1947) übernommen und textlich modernisiert (statt *der heil'ge Leichnam* in 2,1 nun *dein heilger Leib*). Von dort aus gelangt es in zahlreiche Diözesangesangbücher der 1950/60er Jahre und in das Gotteslob von 1975. Auf die Sammlung Kirchenlied geht allerdings jene gravierende Textänderung zurück, die bis heute die katholische Rezeption bestimmt: Der zweite Teil der ersten Strophe ersetzt als eine Art Kehrvers auch die zweiten Teile der Strophen 2 und 3, mit massiven Folgen für die Sinnstruktur des Liedes. Das „Kelchwort" in Strophe 2 entfällt, ebenso der „Geist" als Band der Einheit des Leibes Christi in Strophe 3. Obwohl die AÖL 2013 das (sprachlich modernisierte) originale Luther-Lied als Ö-Lied vorschlug, blieb man im Gotteslob von 2013 bei der Version aus Kirchenlied.

ANSGAR FRANZ

Zusammen mit dem deutschen Text kommt auch die Melodie aus dem Spätmittelalter ins reformatorische Liedrepertoire. Eine handschriftliche Quelle aus dem Spätmittelalter[11] enthält Neumen, welche den Melodieverlauf nur andeuten. Statt der Sequenz *Lauda Sion Salvatorem* ist der Gesang dort übrigens der Danksagung nach der Kommunion zugeordnet, was interessanterweise auch der liturgischen Einordnung durch Luther in der „Formula missae" entspricht.

[11] DKL II/2, 266, Abb. 32, 221.

Die erste Quelle mit eindeutig lesbaren Noten, das Prozessionale aus Mainz,[12] macht den Zusammenhang mit der Sequenz deutlich, sowohl von der Stellung des Gesangs wie von der Melodiegestalt her. In der folgenden Synopse werden die Sequenzmelodie und die Fassung in Johann Walters Chorgesangbuch 1524 (hier zitiert nach dem Druck 1525)[13] dargestellt, dazu jene Stellen, die im Klugschen Gesangbuch (1529) 1533 von Walter abweichen; diese dritte Fassung ist ähnlich auch im Straßburger Kirchenamt 1524/25[14] enthalten und entspricht der Melodiegestalt im EG. Die Fassung der Sequenzmelodie folgt der Synopse, welche Walther Lipphardt für seinen Beitrag im JLH erstellt hat;[15] sie entspricht der Gestalt im Prozessionale und weicht von der im Liber Usualis und im Graduale Novum gebotenen an einigen Stellen ab, so gleich beim eröffnenden Quart- statt des sonst bekannten Terzsprungs,[16] der jedoch in der Leisenmelodie nicht mehr auftritt.

[12] Lipphardt 1964, Tafel II.

[13] Johann Walter, Geystliche Gesangbüchlin, Straßburg 1525, Faks Kassel 1979, Nr. V. DKL III/1.2 EB 1α.

[14] DKL III/1.2 Eb 1.

[15] Lipphardt 1964, 118f.

[16] Liber Usualis 945, Graduale Novum 366.

Der Stollenschluss unterscheidet sich in den beiden Fassungen deutlich. Er endet einmal auf der (mixolydischen) Finalis *g*, einmal auf dem Nebenzentrum *c*. Daraus ergeben sich zwei unterschiedliche Konzeptionen des Umgangs mit dem Modus, die im Grunde nicht mehr als Melodievarianten, sondern als substanziell verschiedene Melodien anzusehen sind. Im Mainzer Prozessionale und im Klugschen Gesangbuch geht die Melodie an dieser Stelle nach unten, auch die lediglich neumierte Textquelle weist eher auf diese Fassung hin; Walters Fassung entspricht dem Duktus der Sequenzmelodie. Die Situation verweist offensichtlich auf die grundsätzlich variable Überlieferung von Melodien vor der Verschriftlichung.

Ein Fassungsproblem liegt in der Textverteilung der zweiten Abgesangszeile vor, und zwar bei den beiden punktierten Figuren, auf denen man eigentlich eine Ligatur erwarten würde. Im Klugschen Gesangbuch ist die Zuordnung nicht eindeutig zu erkennen, da der Text wie damals üblich sehr eng und ohne Silbenabstände gedruckt ist. Das gilt prinzipiell auch für das Babstsche Gesangbuch, jedoch liegt dort ein Zeilenumbruch im Wort *Ma / ria:* Wenn davon ausgegangen werden kann, dass der Umbruch Melodie und Text gleichermaßen betrifft, wird dadurch eine Ligatur auf die Punktierung vor dem Zeilenende nahegelegt, weil auf der neuen Druckzeile für die drei Silben dieser Verszeile noch vier Noten stehen. Die erste Punktierung müsste dann syllabisch textiert sein – so die Fassung im EG. In den Strophen 2 und 3 präsentiert sich die Situation einfacher, weil eine Silbe weniger unterzubringen ist und sich dadurch zwanglos auch auf der ersten Punktierung eine Ligatur ergibt.

Komplizierter ist die Sache bei Walter. Dort ist die auf die erste Punktierung folgende Note in zwei halbe Notenwerte geteilt. Die Wiedergabe in DKL III legt auf beide Punktierungen eine Zweitonligatur: *Mut*-ter Ma-*ri*-a. Das ist problematisch, weil im Tenorstimmbuch von 1525 ebenfalls ein Zeilenumbruch auftritt, der für die drei Silben *-ri-a kam* auf der neuen Zeile nur drei Noten bietet und eine Ligatur ausschließt – wieder vorausgesetzt, dass der Umbruch für Text und Noten identisch gilt. Daraus ergibt sich dann aber bei der ersten Punktierung eine Dreitonligatur, wie in der Synopse dargestellt.

Ungewöhnlich bleibt die Gestaltung so oder so, für die Klug-/EG-Fassung jedenfalls für die erste Strophe mit der für den Melodietypus eher ungewöhnlichen austextierten Punktierung, die allerdings in der ersten Zeile auch schon auftritt, dann – in beiden Fassungen – mit dem Terzsprung nach der zweiten Ligatur, wo man sonst eine lineare Weiterführung erwarten würde.

Aus den beiden vierzeiligen Textstrophen mit *Kyrieeleis* macht die Melodie ein komplexes Formgebilde in stolliger Barform, wobei der erste Vierzeiler den Stollen, der zweite den Abgesang bildet. Die beiden *Kyrieeleis* beschließen in der Art eines Refrains zum Einen den Stollen (nach der Wiederholung) und zum Andern dann die Gesamtstrophe. Die von Luther beanstandete und entfernte Erweiterung im zweiten Teil mit der Thematik der Sterbesakramente hatte natürlich zuvor auch eine weitere Vergrößerung der melodischen Form zur Folge gehabt. Sie findet sich später noch zum Beispiel im Mainzer Cantual 1605 und weiteren katholischen Gesangbüchern.[17] Wie oben im Textkommentar erwähnt, fehlt sie bei Vehe, der damit Luther – unausgesprochen – zum Vorbild genommen haben dürfte.

Im Verhältnis der Leisenmelodie zu derjenigen der Sequenz lassen sich sowohl Abhängigkeit wie Selbständigkeit beobachten. Übernommen sind typische Melodiebausteine, so gleich bei Beginn die Figur mit dem oberen Wechselton (*g-a-g*), die wieder im *Kyrieleison* und am Ende der ersten Abgesangszeile (*-ligen Leichnam*) auftritt, dazu auch versetzt nach *c-d-c* in der ersten Zeile und der zweiten Abgesangszeile, nach *d-e-d* vor dem abschließenden *Kyrieleison*. Sie hat wohl als typisch für den Modus zu gelten und begegnet beispielsweise auch in der Melodie des Weihnachtsleis *Gelobet seist du, Jesu Christ*.

Die auffallend großräumige Führung der Sequenzmelodie bei *lauda ducem* kehrt in der Leisenmelodie wieder, während der Stollenschluss, wie bereits beschrieben, in der breiter rezipierten Fassung deutlich von der Sequenz abweicht. Zusammen mit dem Wegfall des eröffnenden Intervalls – Quarte oder Terz – verschiebt sich durch den Schluss auf *c* das Verständnis des Modus in Richtung des modernen C-Dur. Dieselbe Beobachtung ist am Schluss des Abgesangs zu machen, wo lediglich das *Kyrieleison* nochmals zur alten mixolydischen Finalis zurückkehrt, während die Strophe selbst auf *c* geschlossen hat. Der Abschluss der zweiten Abgesangszeile auf *d* (mit der beschriebenen abspringenden Punktierungsfigur) kann mit heutigen Ohren geradezu als Dominantschluss gehört werden, zu dem dann der Schluss vor dem *Kyrieleison* als Grundton korrespondiert. Die Melodie des deutschen Liedes siedelt sich damit in einer neueren Art des Modusverständnisses an, moderner als das noch archaischer anmutende der Sequenz.

Zwischen Stollen- und Abgesangsmelodie bestehen einige formale Verbindungen. Einmal bildet der Anfang des Abgesangs (nach dem *Kyrieleison*) intervallmäßig einen Krebs des Melodieanfangs, und dann entsprechen sich die beiden Schlüsse im schon beschriebenen Abstieg auf *c*. In beiden Melodieteilen finden sich in den stark unterschiedlichen Notenwerten ebenso unterschiedliche Deklamationsgeschwindigkeiten. Neben der raschen Bewegung in Punktierungen und (modern notiert) Vierteln steht immer wieder auch die Häufung langer Noten. Bei aller Komplexität ergibt sich eine formale Zusammengehörigkeit, die der Melodie trotz einiger ungewöhnlicher Bildungen eine ausreichende Plausibilität verleiht.

Andreas Marti

[17] B I, 384 II.

268 Strahlen brechen viele aus einem Licht

EG 268 EM 411

Text

Verfasser Dieter Trautwein **Entstehung** 1976 **Vorlage** Anders Frostenson, *Lågorna är många, ljuset är ett,* (1972) 1974 **Quelle** *Frankfurter Lieder* (Dieter Trautwein), Frankfurt 1978 **Ausgabe** Dieter Trautwein, Neue Lieder aus drei Jahrzehnten, München 1992, Nr. 166 **Strophenbau** $10/\underline{5}a$ $6/3x_1$ $10/\underline{5}a$ $A6/3x_2$ **Abweichungen** 3,1 und 3,3 Liebe *nur eine* **Verbindung TM** wie EG

Melodie

Incipit 1_.2345_5__ 4_3_2_1__ **Verfasser** Olle Widestrand **Entstehung** 1974 **Quelle** *Psalmer och visor. Tillägg till Den svenska psalmboken,* Stockholm 1975 **Ambitus** G: 7; Z: 536b3 **Abweichungen** 3/4-Takt; Z. 2: Schlussnote punktiert, ohne Viertelpause; Z. 4: Schlussnote um Viertelpause gekürzt * EM: mit 4st Satz (Paul Ernst Ruppel 2000); Z. 2 wie Q **Verbindung MT** *Lågorna är många, ljuset är ett*

Literatur

HEG II,102f.327–329.349 ** ThustB, 249 (Neufassung Ingelheim 2016, 228f); ThustL I, 467–469 ** Meyer ^{2}1997, 302f ** LEUBE, Bernhard: „Strahlen brechen viele aus einem Licht" – EG 268, Für Arbeit und Besinnung. Zeitschrift für die evangelische Landeskirche in Württemberg, 52. Jg. (1/**1998**) 18–20 * HANDT, Hartmut: Strahlen brechen viele aus einem Licht – EG 268, WEG VI (**2000**) 91–93 * TRAUTWEIN, Dieter: Ausländische Autoren, denen ich begegnet bin, WEG VI (**2000**) 55–68, bes. 66–68 * WENTZ-JANACEK, Elisabet: Kirchenlied und Kirchengesang in Nachbarländern Deutschlands. Nordeuropäische Länder, WEG VI (**2000**) 27–39, bes. 37f * HANDT, Hartmut: „Strahlen brechen viele aus einem Licht“: Hintergründe, Analysen und Anregungen zu LebensWeisen 32, Für den Gottesdienst 62 (**2005**) 26f * GIDEON, Anne: Strahlen brechen viele – EG 268, in: Arnold/ Bresgott **2011**, 33–39 * WALTER, Meinrad: „Sing, bet und geh auf Gottes Wegen ...“ 40 neue und bekannte geistliche Lieder erschlossen, Freiburg **2013**, 149–152

Aus den lutherischen Kirchen Skandinaviens sind einige Lieder in das EG aufgenommen. Zwei der bekanntesten sind *Herr, deine Liebe ist wie Gras und Ufer* (Regionalteile des EG) und *Strahlen brechen viele aus einem Licht* (EG 268). Beide Liedtexte stammen vom evangelisch-lutherischen Pastor und Dichter Anders Frostenson. Der schwedische Ursprungstext zu EG 268 entstand in den frühen 70er Jahren. Inspiriert wurde Frostenson durch einen Besuch beim Weltkirchenrat in Genf, wo in der Eingangshalle die Worte stehen: „Lampades sunt multae, una est lux.“ Frostenson war gut befreundet mit Dieter Trautwein, der viele Lieder aus dem skandinavischen Raum ins Deutsche übertragen hat. Im folgenden Kommentar soll zunächst die Textgestalt von Frostenson und danach die Übertragung von Trautwein betrachtet werden.

Der schwedische Originaltext ist im EG mit abgedruckt. Eine wörtliche Übersetzung lautet:

Die Flammen sind viele, das Licht ist eines, das Licht Jesus Christus.
Die Flammen sind viele, das Licht ist eines. Wir sind eins in ihm.

Die Zweige sind viele, der Baum ist einer, der Baum Jesus Christus.
Die Zweige sind viele, der Baum ist einer. Wir sind eins in ihm.

Die Gaben sind viele, der Geist ist einer, er befindet sich in Jesus Christus.
Die Gaben sind viele, der Geist ist einer. Wir sind eins in ihm.

Die Dienste sind viele, der Herr ist einer, der Herr Jesus Christus.
Die Dienste sind viele, der Herr ist einer. Wir sind eins in ihm.

Die Glieder sind viele, der Leib ist einer, die Kirche Jesu Christi.
Die Glieder sind viele, der Leib ist einer. Wir sind eins in ihm.

(Übersetzung: Cornelia Juchert, Eislingen/Fils)

Die fünf Strophen mit vier Zeilen haben einen klaren wiederkehrenden Aufbau. Sätze und Aussagen sind einfach. Die Sprache verbindet definitorische und bildhafte Elemente. Das Gedicht kommt ohne Endreim aus. Die poetische Verdichtung entsteht durch die Metaphorik und durch Wiederholung jeweils der Zeilen 1 und 3 sowie des alle Strophen verbindenden Kehrverses: *Wir sind eins in ihm.*

Schon auf den ersten Blick zeigt sich die klar geordnete Struktur auf allen Ebenen des Liedes.

Die Hauptaussage des Liedes steht im Kehrvers, auf den jede der fünf Strophen zugeht: *Wir sind eins in ihm.* Hier nimmt Frostenson das Gebet Jesu aus Johannes 17,21 auf: *... damit sie alle eins seien. Wie du, Vater, in mir bist und ich in dir, so sollen auch sie in uns sein, damit die Welt glaube.* Auch der Christushymnus aus Kolosser 1,15–20 schwingt mit: *In Christus ist alles erschaffen, [...] und es besteht alles in ihm. Und er ist das Haupt des Leibes, nämlich der Gemeinde.* Ebenso Epheser 4,3ff: *Seid darauf bedacht zu wahren die Einigkeit im Geist durch das Band des Friedens: ein Leib und ein Geist, [...] ein Herr, ein Glaube, eine Taufe; ein Gott und Vater aller, der da ist über allen und durch alle und in allen.*

In den fünf Strophen wird jeweils *viele* und *eins* zueinander in Beziehung gesetzt. Dabei bedeutet *viele* nicht primär zahlreich, sondern zunächst einmal verschieden: Wir Verschiedene sind eins in bzw. durch Christus. Dieses Thema: Einheit in Verschiedenheit spielen die fünf Strophen durch, indem sie jeweils eine wesentliche ekklesiologische Aussage des Neuen Testaments aufnehmen. Dabei gehen sowohl Frostenson als auch später Trautwein in Freiheit mit den biblischen Bildern um:

– Strophe 1: *Wir die Flammen, Christus das Licht.* Hier klingen die Christusworte aus Johannes 8,12 und 9,5 an: *Ich bin das Licht der Welt.* Ebenso Matthäus 5,14: *Ihr seid das Licht der Welt.*

- Strophe 2: *Wir die Zweige, Christus der Baum/ der Stamm.* – Das klingt zwar biblisch, ist es aber nicht. Ein sinngemäßes Bild findet sich in Johannes 15,5: Christus der Weinstock, wir die Reben. – Das biblische Bild vom Stamm(-baum) verweist uns nicht auf Jesus Christus, sondern auf die Wurzel Jesu in der jüdischen Tradition (Jes 11,1/Mt 1,1ff und Lk 3,23 und besonders Röm 11,16–24: Wir Christen sind Zweige, die Gott eingepfropft hat in den Ölbaum Israel).
- Strophe 3: *Die Gaben sind viele, der Geist ist einer.* So fast wörtlich in 1. Korinther 12,4.
- Strophe 4: *Viele Dienste, ein Herr.* Hier gibt es keine direkte Belegstelle.
- Strophe 5: *Viele Glieder, ein Leib: die Kirche Jesu Christi.* Der erste Teil der Strophe zitiert 1. Korinther 12,20; 6,14 und Epheser 5,30.

Die Strophen 1, 2 und 5 fokussieren auf das innere Wesen der Kirche: wie Kirche an sich und in sich ist. Die Strophen 3 und 4 haben als Thema, wie Kirche sich nach innen und außen verhält, wie Kirche in Liebe und Dienst diakonisch wirkt.

Im schwedischen Original führt Anders Frostenson sein Strophenmuster konsequent durch. Nur zweimal weicht er von seinem Muster ab – jeweils mit theologischen Implikationen: In Str. 3,1 und 2 vermeidet er die Identifizierung „Der Geist ist Jesus Christus“ und schreibt stattdessen: *Die Gaben sind viele, der Geist ist einer / er findet sich in Jesus Christus.* In Str. 5,2 spitzt Frostenson zu und schreibt nicht: „der Leib ist Jesus Christus“, sondern setzt den Leib Christi mit der Kirche Jesu Christi gleich: *Die Glieder sind viele, der Leib ist einer: die Kirche Jesu Christi.* Diese Gleichsetzung Leib Christi = Kirche (ἐκκλησία) gibt es so direkt im NT nicht. Sie entspricht aus deutscher Perspektive eher katholischer als evangelischer Theologie. Trautwein wird diese Aussage in seiner Übertragung dann auch verändern.

Die deutsche Fassung von Dieter Trautwein stammt aus dem Jahr 1976. Sie ist nicht Übersetzung, sondern Übertragung in eine andere Sprache und in einen auch kirchlich-theologisch etwas anders geprägten Raum. Trautweins Nachdichtung folgt im Wesentlichen dem Original, auch was Sprache, Silbenzahl und Charakter des Textes angeht; er nimmt aber einige theologisch pointierte Veränderungen vor.

Das Strophenmuster übernimmt Trautwein von Frostenson, führt es aber in größerer Freiheit durch. Er ersetzt das schwache Verb *sind* (schwedisch: *är*) durch eine Reihe starker Verben und gewinnt dadurch lebendigere Bilder: die *Strahlen brechen* hervor, die *Zweige wachsen*, die *Dienste leben.*

An mehreren Stellen greift Trautwein inhaltlich in den Text ein:

Den Kehrvers verändert Trautwein von: *Wir sind eins in ihm* zu *und wir sind eins durch ihn* (1. Kor 8,6). Frostenson: Jesus Christus ist die Mitte, in der wir – die Vielen, die Verschiedenen – eins sind. Dagegen Trautwein: Christus ist der Mittler, durch den wir viele, verschiedene vereint sind. Die mystische Einheit wird zurückgenommen. Christus ist in Trautweins Kehrvers nicht mehr – wie im Bild von Gliedern und Leib – das Eine und Ganze; er ist das Instrument, der Heilswirker und -vermittler, durch das die Vielen zusammengebracht und vereint werden.

In den Strophen 1–3 und 5 steht bei Frostenson in Zeile 2 jeweils eine Christusprädikation: *Licht / Baum / Herr ist Jesus Christus!* Die Verbindung von Metapher und Prädikation mit dem Wir der singenden Gemeinde geschieht erst im Kehrvers. Trautwein dagegen weitet schon in der jeweils zweiten Zeile seiner Strophen die Metaphern auf und bezieht sie auf uns, auf die Gemeinde: *unser Licht / unser Stamm ist Christus*, bzw. *wir sind Glieder Christi.* – Der volle Name *Jesus Christus* steht im Original in jeder Strophe. Trautwein nennt ihn nur in Str. 4, wo er den Geist rückbindet an den Jesus von Nazareth der Evangelien. – Das von Frostenson in Str. 4 wörtlich zitierte urchristliche Hoheitsbekenntnis *Jesus Christus, der Herr* (Phil 2,11; 1. Kor 8,6) entfällt bei Trautwein. – In Str. 3 verknüpft Trautwein statt *Gaben/Geist* nun *Gaben/Liebe*: *Gaben gibt es viele, Liebe vereint. Liebe schenkt uns Christus.* Er fokussiert hier auf die Liebe als Kraft der Einheit. Die Beziehung von Gaben und Liebe nimmt er aus 1. Korinther 12 und 13. Paulus leitet von Kap. 12 (*Gaben*) zu Kap. 13 (*Liebe*) über mit den Worten: *Ich will euch einen noch besseren Weg zeigen* ... Mehr Gewicht als die Vielfalt der Gaben hat also die vereinende Liebe. – Str. 5,1 und 2 lauten bei Frostenson: *Die Glieder sind viele, der Leib ist einer: die Kirche Jesu Christi.* Trautwein dichtet stattdessen: *Glieder sind es viele, doch nur ein Leib. Wir sind Glieder Christi.* Die direkte Identifikation „Leib Christi = Kirche = wir“ übernimmt Trautwein nicht. Er verwendet die vielschichtige Vokabel „Kirche“ nicht; das bei Frostenson mögliche – manche mögen sagen: katholische – Missverständnis der Identifikation einer konkreten vorfindlichen kirchlichen Institution als Leib Christi lässt Trautwein nicht zu. Er greift in Str. 5,2 – in einmaliger Abweichung vom Strophenmuster – nicht auf das zweite Subjekt (*Leib*), sondern auf das erste Subjekt (*Glieder*) aus 5,1 zurück: *Wir sind Glieder Christi.*

Die Analyse der Veränderungen zeigt, dass Trautwein im Vergleich zur Vorlage den Schwerpunkt eher auf die Vielfalt und Verschiedenheit der Glieder setzt – auch auf die Vielfalt der ökumenischen Gliedkirchen – und weniger auf die mystische Einheit der Christenheit in Jesus Christus und in einer im Wortsinn katholischen, also alle umfassenden Kirche.

Sowohl bei Frostenson als auch bei Trautwein ist die Ekklesiologie in der Christologie bestens verwurzelt. Frostensons theologische Aussagen stehen für sich, sie bilden ein biblisch fundiertes Glaubensbekenntnis zum 2. und 3. Artikel. Trautwein verwebt Christus und das offene Subjekt des Wir stärker; er nimmt Spitzen zurück, formuliert persönlicher. Auch sein Text ist ein Christusbekenntnis.

Der Vergleich von Original und Übertragung zeigt, wie genau hier in beiden Texten auf engstem sprachlichem Raum biblisch fundiert theologisch gestaltet und akzentuiert wird. Diese theologische Kunst kommt mit einfachen sprachlichen Mitteln aus und fügt sich ohne Anstoß in die poetische Form.

Die von Olle Widestrand 1974 geschaffene Melodie besteht aus acht Takten. Das ruhige wiegende Metrum (6/4 Takt) folgt dem Text mal fließend, mal innehaltend. Jede Verszeile füllt zwei Takte und beginnt auf dem Volltakt.

Ausnahme: die vierte Zeile beginnt mit Auftakt: Es drängt auf die Schlusspointe hin: *und wir sind eins in ihm/ durch ihn!*

Die Tonart e-Moll bewirkt eine gewisse Altertümlichkeit. Der Ambitus umfasst *e* bis *d'*. Er bewegt sich in der gut singbaren mittleren Lage – *e* bis *h* – mit einer kleinen Überschreitung am Anfang von Z. 3. Die Melodiebögen folgen streng diatonisch den Ganz- oder Halbtonschritten der e-Moll-Skala; der einzige Sprung ist die Quart zu Z. 2, die das Christusbekenntnis hervorhebt. Die Melodiezeile 1 bildet einen größeren, Z. 4 einen kleineren Bogen, die jeweils vom Grundton *e* aufsteigen und wieder auf ihm enden. Z. 2 führt mit dem Namen *Christus* statuierend hinauf auf die Quint. Z. 3 wiederholt den Text aus Z. 1; die Melodie variiert in höherer Lage den ersten Bogen und führt wieder hinunter zum Grundton. Dieser Grundton *e* ist Grundstein der Melodie; von ihm aus erheben sich einfache klare Bögen: von Christus her – auf Christus hin – wie in einer romanischen Kirche.

Die Melodie ist dank der kleinen Schritte und des überraschungsfreien Metrums für die Gemeinde gut singbar. Und doch bleibt die Melodie in aller Einfachheit auch fremd – wie auch der einigende Christus sich für keine Moderne vereinnahmen lässt, sondern auch fremd und Gegenüber bleibt.

Der Liedtext öffnet eine Fülle an Kontexten und Assoziationen. „Wir, die Verschiedenen, sind eins in Christus.“ Das Thema von EG 268 ist in der nahezu zeitgleich erarbeiteten Leuenberger Konkordie von 1973 das erklärte Ziel der ökumenischen Bewegung: Einheit in versöhnter Verschiedenheit. Schon das Augsburger Bekenntnis von 1530 hat in Artikel 7 formuliert, wie die Mitte in Christus eine große Vielfalt an Formen ermöglicht: „Das genügt zur wahren Einheit der christlichen Kirche, dass das Evangelium einträchtig im reinen Verständnis gepredigt und die Sakramente dem göttlichen Wort gemäß gereicht werden. Und es ist nicht zur wahren Einheit der christlichen Kirche nötig, dass überall die gleichen, von den Menschen eingesetzten Zeremonien eingehalten werden.“

Heute sind Pluralität und Individualität in der globalen Welt Leitworte der gesellschaftlichen Entwicklung. Jetzt ist eine entscheidende Aufgabe für Leitung in Kirche und Gesellschaft, beide Pole zu kultivieren: Vielfalt und Einheit. Ob Gemeinschaft und Zusammenarbeit im Großen wie im Kleinen gelingen, hängt daran, dass beide Pole zusammengehalten und aufeinander bezogen werden: das Differenzieren und das Verbinden. Im „Diversity Management“ wird versucht, soziale Vielfalt zu schätzen und konstruktiv nutzen: Vielfalt wird als Reichtum gesehen; je mehr verschiedene Erfahrungen, Begabungen und Hintergründe eine Gemeinschaft zu verbinden vermag, über desto mehr Möglichkeiten der Entwicklung verfügt sie.

Aus Christi Liebesgebot und zuletzt aus seiner Lebenshingabe lernen wir, dass Gemeinschaft der Verschiedenen eine Lebensweise ist, die unsern ganzen Menschen fordert und belebt.

Strahlen brechen viele aus einem Licht taugt gut für Gottesdienste an Pfingsten, für Gemeindesonntage und -feste, für ökumenische Gottesdienste – auch wenn das Lied leider nicht in den Stammteil des Gotteslob (2013) – wohl aber in die Eigenteile mancher Diözesen – aufgenommen ist.

EG 268 kann als Glaubensbekenntnis gesungen werden und gelegentlich das gesprochene Credo ersetzen. Die neutestamentlichen Bezüge und Bilder über Christus und die Kirche können in vielfältiger Form in Liturgie und Predigt aufgenommen und gestaltet werden. Das Lied ist einfach, klar und schön und kann auch von Menschen, die selten im Gottesdienst sind, verstanden und gesungen werden.

FRIEDER DEHLINGER

278 Wie der Hirsch lechzt nach frischem Wasser

Text

Verfasser Dieter Trautwein **Entstehung** 1983 auf Bitten des Komponisten zur Melodie **Vorlage** Psalm 42–43 **Quelle** *Evangelisches Gesangbuch. Vorentwurf* 1988 **Ausgabe** Dieter Trautwein, Neue Lieder aus drei Jahrzehnten, München 1992, Nr. 107 **Strophenbau** rhythmisierte biblische Prosa **Verbindung TM** wie EG

Melodie

Incipit 1_1_ 5____6b546b 5_5 [1=d'] Kehrstrophe: -5_-5_ 1_1_21_2 3_1 [1=f'] **Verfasser** Volker Ochs **Entstehung** Auftragswerk der Gesangbuchkommission, s. Kommentar **Quelle** s. o. **Besonderes** Die Kehrstrophe wird wie in den Psalmen nach jeweils drei Strophen des neunstrophigen Liedes gesungen; sie wechselt in die parallele Durtonart. **Ambitus** G: 8; Z: 6b645 Kehrstrophe: G: 9; Z: 6444 **Abweichung** Kehrstrophe: vorletzte Note: *d'* **Verbindung MT** wie EG

Literatur

HEG II,233f.327–329 ** ThustB, 256 (Neufassung Ingelheim 2016, 235); ThustL II, 24f ** Meyer ([2]1997) 204f.303f; RößlerL ([2]2001) 987

Dieses Lied ist ein „Auftragswerk" der Gesangbuchkommission für das Evangelische Gesangbuch und das Ergebnis einer schöpferischen Zusammenarbeit von Musiker und Dichter, wie es sie immer einmal wieder in der Kirchenliedgeschichte gibt, hier über die innerdeutsche Grenze hinweg. So entstand 1983/84 gleichsam ein „deutsch-deutsches Kirchenlied". Beide Autoren beschreiben die Entstehung des Liedes als einen kreativen Prozess im ständigen Kontakt miteinander und mit der Gesangbuchkommission. Volker Ochs hatte sich das Bedauern des Gremiums, dass es kaum Bearbeitungen sog. „Klagelieder des Einzelnen" gebe, und insbesondere, dass man kein Lied über den 42. Psalm habe, persönlich zu Herzen genommen und begonnen, die ersten Verse des Psalms (Ps 42,2–3) deklamierend zu vertonen. Er legte die Melodie dem Kollegen in der Gesangbuchkommission, Dieter Trautwein, vor und bat ihn, die weiteren Verse des Doppelpsalms 42/43 seiner Melodie zu unterlegen. Das Ergebnis wurde der Gesangbuchkommission präsentiert, die Ochs daraufhin aufforderte, den Kehrvers des Doppelpsalms mit einer eigenen Kehrstrophe zu vertonen, auch um die ursprüngliche Zusammengehörigkeit beider Psalmen, die durch den Kehrvers verklammert sind, ins Bewusstsein zu heben.[1] Man kann insbesondere den rückblickenden Äußerungen Dieter Trautweins entnehmen, dass die Frage aus Psalm 42,4 *Wo ist nun dein Gott?* sowohl in der atheistischen Gesellschaft der DDR als auch in der säkularen Großstadt Frankfurt a. M.

[1] Vgl. Meyer, 204f und 303f.

einen Nerv trafen und dass die Erinnerung an die gemeinsame Wallfahrt zum Tempel in Psalm 42,5 eine Sehnsucht nach Gemeinschaft ausdrückte, die Musiker (Ost) und Dichter (West) damals gut aufnehmen konnten. Trautwein schreibt: „Dieser Psalm ist gerade in seiner Einheit ein Wallfahrtspsalm, gespeist von der Sehnsucht nach der Gemeinschaft der Feiernden aus dem Volk Israel und aus allen Völkern der Welt. Sollten wir diese Sehnsucht nicht noch mehr teilen und ihre Erfüllung, so gut es geht, vorwegnehmen?“[2]

Dass die Psalmen 42 und 43, die hier zu einem Lied verbunden sind, auch ursprünglich zusammengehören, zeigt nicht nur der in Psalm 43,5 wiederkehrende Kehrvers, sondern auch die Wiederholung von Psalm 42,10 in Psalm 43,2. Die Zuschreibung von Psalm 43 an David in der Septuaginta - vielleicht wegen der Erwähnung der Harfe in Psalm 43,4 - begegnet nicht im hebräischen Text. Der Doppelpsalm zählt zur Gattung der Gebetslieder, die früher auch als individuelle Klagelieder bezeichnet wurden.[3] Erich Zenger hat u. a. mit Verweis auf Abhängigkeiten von Jona- und Joel-Texten dargelegt, dass es sich bei Psalm 42f um einen frühnachexilischen Text handeln dürfte.[4]

Bemerkenswert und einzigartig im ganzen Psalter - jedoch im Lied unterdrückt - ist die Angabe des Entstehungsortes des Psalms bzw. des Aufenthaltsortes des Psalmisten: am Berg Misar bei den Jordanquellen im Hermongebirge (Ps 42,7). Die Exegeten diskutieren, ob es sich bei dieser Topographie um einen realen oder um einen metaphorischen Ort handelt.[5] Auch über das Ich des Beters besteht keine Einigkeit. Spiegelt sich hierin eine individuelle biographische oder eine überindividuelle mystische oder eine kollektive Erfahrung?[6] Bei dem ebenfalls einzigartigen Auftakt mit einem Bildwort haben wir uns eine nach Wasser lechzende, in den ausgetrockneten Wadis umherirrende Hirschkuh vorzustellen. Entsprechend schreit die schmachtende Seele nach dem lebendigen Gott. Dieser lebendige Gott wird als im Heiligtum gegenwärtig vorgestellt. Der Beter ergeht sich in seligen Erinnerungen und vergegenwärtigt sich die einstige Geborgenheit in der großen Schar der Wallfahrer. Im Refrain ermuntert sich dann die beunruhigte Seele selbst und sieht auf die künftige Errettung und Genugtuung voraus. Der Aufenthaltsort des Psalmbeters an ausgetrockneten bzw. reißenden Gebirgsbächen beschreibt auch seine innere Situation. Er fühlt sich einerseits ausgezehrt in seiner Sehnsucht nach Gott, andererseits von diversen Notlagen überflutet, fortgespült, er droht unterzugehen. In dieser Lage

[2] Ebd., 304.

[3] Vgl. Hans-Joachim Kraus, Psalmen I, Berlin 1980², 473. Zur Verfasserangabe „Eine Unterweisung der Söhne Korach vorzusingen“, ebd., 474. Die Zusammengehörigkeit der Psalmen 42 und 43 wird bestritten u. a. von M. Oeming, in: Manfred Oeming/Joachim Vette, Das Buch der Psalmen, Psalm 42–89, Stuttgart 2010, 15.

[4] Frank-Lothar Hossfeld/Erich Zenger, Die Psalmen I, Würzburg 1993, 266. Dagegen hält es H.-J. Kraus für nicht unwahrscheinlich, „daß Ps 42/43 in vorexilische Zeit gehört“, ebd., 473.

[5] Zenger zusammenfassend: „Mizar-Berg = entweder ein uns unbekannter Berg im Hermongebiet oder Symbolname (Mizar = ‚kleiner Berg‘) für die Distanz des Beters vom ‚großen Berg‘ Zion, auf dem Gott wohnt (43,3)“, ebd., 270.

[6] Vgl. zur Auslegungsgeschichte M. Oeming, ebd., 19f.

hält er Ausschau nach Halt und Rettung. Zwar ist JHWH sein Fels, aber er fragt auch: *Warum hast du mich vergessen?* (V. 10) Es ist die Erfahrung Jesu am Kreuz. Zum gefühlten Tod (*Mord*) in seinen Gebeinen kommen der unerträgliche Hohn und Spott der Feinde. So bittet der Beter um JHWHs Eingreifen in Gestalt von Licht und Wahrheit. Und er weiß: Zurück im Tempel wird er ein Dankopfer darbringen und zur Leier ein Danklied anstimmen.

Als „Psalmlied" übernimmt das Lied den gesamten Stoff.[7] Es lehnt sich eng an den Wortlaut der Lutherbibel von 1984 an.[8] Die Kehrstrophe steht jeweils dort, wo sie auch in Psalm 42f steht, allerdings sind im Lied die Verse dazwischen jeweils zu drei Strophen komprimiert, wo im Psalter 4, 5 und 4 Verse stehen. In Str. 2 wird die Frage nicht temporal (wann?), sondern absolut gestellt: *Werde ich endlich dahin kommen?* Aus der Tränen-Speise ist das Tränen-Brot geworden. Diese Kürzungen sind inhaltlich nicht relevant, sondern durch das Metrum verursacht. Ebenso wird in der dritten Strophe die Redundanz reduziert (24 statt 35 Wörter). Auch in der vierten Strophe sind zwei Psalmverse enthalten (Ps 42,7–8). Hier hat Trautwein gekürzt und abstrahiert. Die geographischen Details (Jordan, Hermon, Misar) fehlen, die Sehnsucht richtet sich nicht mehr auf konkrete Orte, und die Gefahren sind unpersönlicher als im Psalm, der schöne Stabreim (*Wasser-wogen und Wellen*) ist entfallen. Auch das Stilmittel der hebräischen Poesie, der Parallelismus membrorum, konnte in der Übertragung nicht immer berücksichtigt werden (vgl. Ps 43,1f mit Str. 7). Insgesamt ist Trautwein zwar dicht am Luther-Text geblieben, dennoch ist seine Version durch metrisch bedingte Verdichtungen sowie durch Verallgemeinerungen und Abstrahierungen charakterisiert, die den Psalm auch farbloser machen. Ob er der heutigen Gemeinde so näherkommt, ist die Frage. Aber auch ein Kirchenlied kann plötzlich Menschen ganz neu berühren und ansprechen. So könnte es etwa zu denen sprechen, die heimatlos geworden und zu uns geflohen sind, weil sie in diesem Lied möglicherweise eigene Erinnerungen (*wie einst ich zum Hause Gottes zog … mitten in feiernder Schar*), persönliche Erfahrungen (*Wellen gehen über mich hin*) und tiefe Sehnsüchte (*Schaffe Recht, führe meine Sache*) wiederentdecken können.

Die beiden Melodien korrespondieren miteinander. Beide stehen im 4/4-Takt, beide bestehen aus acht Takten. Beide verzichten auf ein herkömmliches Versmaß und orientieren sich im Versbau an den Psalmversen Psalm 42,2f (Strophe) und 6 (Kehrstrophe), wobei nur die Strophe den Text buchstäblich genau übernimmt. Tonartlich handelt es sich um die Paralleltonarten d-Moll und F-Dur. Beide Melodien enden auf ihrem jeweiligen Grundton mit dem Wort *Gott*.[9] Schließlich beginnen beide mit einem Sprung nach einem Zwei-Viertel-Auftakt.

[7] Zur Besonderheit der reformierten Psalmenverarbeitung vgl. A. Marti, MGG², Sachteil 2 (1995) Art. Calvinistische Musik, Sp. 334f. Vgl. auch J. Henkys, Dichtung, Bibel und Gesangbuch, Göttingen 2014, 95–139.

[8] In der revidierten Lutherbibel 2017, Stuttgart 2016, heißt es wieder *Wie der Hirsch schreit*.

[9] Auch die Strophen 2, 6 und 9 enden mit dem Wort *Gott*.

Der Quintsprung am Anfang der Strophe stellt nicht wie in Oster- oder Morgenliedern einen Weckruf dar, sondern imaginiert den Hilfeschrei mit dem Bild des lechzenden Hirsches.[10] Ähnlich affektiv wirkt der Quartsprung nach oben bei der Stelle *so schreit* (T. 2). Die Melodie der Strophe umfasst eine Oktave. Mit dem Schrei erreicht sie einmalig den Spitzenton *d*" und kehrt am Ende zum Grund- und Ausgangston *d*' zurück. Die Unruhe des Beters wird nicht nur melodisch, sondern auch rhythmisch ausgedrückt, am markantesten durch den synkopischen Beginn der vierten Verszeile (*nach*), mit dem die ruhige Gangart der Melodie unterbrochen und aufgesprengt wird.

Auch die Kehrstrophe beginnt mit einem Sprung, einem Quartsprung, auch hier vom wiederholten Grundton aus. Die Kehrstrophe ist ebenfalls gekennzeichnet durch Sprünge und Synkopen und unruhig deklamierende Achtelnoten, die die Besorgnis und Unruhe des Beters ausdrücken. Die betrübte Seele schwingt sich vom tiefsten Ton (*c*') in die Höhe zu *ihm* bis zum Spitzenton (*d*") auf. Doch in der Gewissheit der Dankbarkeit für die erwiesene Hilfe Gottes klingt die Melodie in ruhigen und gelassenen Viertelnoten aus. Nicht nur der ruhige Ausklang, auch das Tongeschlecht und der betonte F-Dur-Ausklang in der letzten Verszeile verströmen Gewissheit und Zuversicht. So bewirkt das antiphonal ausgeführte Psalmlied die Korrespondenz zwischen der Unruhe der schmachtenden Seele einerseits und der schließlichen Geborgenheit in Gott.

Bernhard Schmidt

[10] Ob sich der Melodist hier von dem Lied *Gott, mein Gott, warum hast du mich verlassen* von Friedemann Gottschick (1967), s. EG 381, inspirieren ließ, das ebenfalls mit einem Quintsprung des unter Gottverlassenheit leidenden Beters beginnt? Auch Luthers Weise zu *Aus tiefer Not schrei ich zu dir* (EG 299) arbeitet mit Quintsprüngen ab- und aufwärts.

293 Lobt Gott den Herrn, ihr Heiden all

EG 293 EM 197

Text

Verfasser Joachim Sartorius **Vorlage** Ps 117 **Quelle** *Der Psalter, Gesangßweise* ... (Joachim Sartorius), Breslau 1591 **Überschrift** *Der CXVII. Psalm. Laudate Dominum omnes gentes. Im Thon: Sey lob vnd ehr mit hohem preis.* **Ausgabe** Thomas 1941, 69 **Strophenbau** A8/4a A7/3b-, A8/4a A7/3b-, A8/4c A8/4c A7/3x- vgl. Frank 7.7 ‚Lutherstrophe' **Verbindung TM** in der Q ohne N: Der in der Überschrift genannte „Thon" bezeichnet die Str. 13 von *Es ist das Heil uns kommen her;* als eigenes Lied wurde *Sei Lob und Ehr mit hohem Preis* mit der heute noch dazugehörigen Melodie (EG 342) erstmals in einem Königsberger Liedblatt 1527 gedruckt (s. DKL III/1. 2, Textband, S. 79: Ea 2 mit Ntx c; vgl. auch DKL III, Abschließender Kommentarbd., S. 184f: Ea2B^{N}, Ntx a^{1}) * Z III,4534 (Herrmann 1805)

Melodie

Incipit 5_5_5_3_.21_-7_1_-6_-5___. **Verfasser** Melchior Vulpius **Quelle** *Ein schoen geistlich Gesangbuch* (M. Vulpius), Jena 1609 (DKL 1609[12]) **Ausgaben** Z III,4533; DKL III/4 H137; HDEKM III/2, 122 (1st.) **Ambitus** G: 9; Z: 86(86)566 **Abweichungen** Cantus eines 4st. Satzes; Taktvorzeichnung: ¢3; Z. 1/3, Schlussnote: Halbe mit Viertelpause; Z. 7, N. 7–8: erst Halbe, dann Viertel * EM: mit 4st. Satz (J. H. Schein 1624) **Verbindung MT** wie EG * *Zieh an die Macht, du Arm des Herrn* (EG 377; EKG 223; GL 304) * *Der Geist des Herrn erfüllt das All* (GL 249; KG 232; CG 690) * *Such wer da will ein ander Ziel* (RG 276) * *Lasst uns den Tag gesegnet sein* (Kocher 1855)

Literatur

HEKG (Nr. 189) III/2,31f; Sb 293f; HEG II,269f 334–336 ** ThustB, 264f (Neufassung Ingelheim 2016, 244); ThustL II, 51–53 ** DKL III (1993–2010)/4, Textbd. 395 ** THOMAS, Wilhelm: Von wem stammt „Lobt Gott den Herrn, ihr Heiden all?" MGKK 46 (**1941**) 68f * WEISMANN, Eberhard: Lobt Gott den Herrn, ihr Heiden all (G. B. 198), WüBll 22 (**1955**) 11f * SCHNEIDER/ VICKTOR **1993**, 136f * EGERER **1999** * WISSEMANN-GARBE, Daniela: Melodien des frühen 17. Jahrhunderts und ihr Weiterleben in den Gesangbüchern von heute, in: Wolfgang Hirschmann/ Hans-Otto Korth (Hg.): Das deutsche Kirchenlied. Bilanz und Perspektiven einer Edition. Bericht über die internationale Tagung in Mainz. November 2008, Kassel **2010**, 186–202, bes. 192–194

Luther 1545	Breslau 1591
1 *Lobet den HERRN alle Heiden/*	*LObt Gott den Herrn, ihr Heiden all,*
	Lobt Gott von hertzen grunde.
Preiset jn, alle Völcker.	*Preist Ihn ihr Völcker allzumal/*
	Danckt Ihm zu aller stunde.
	Das Er euch auch erwelet hat/
	Vnd mitgeteilet seine Gnad
	In Christo seinem Sohne.
2 *Denn seine gnade vnd wahrheit/*	*Denn seine groß Barmhertzigkeit*
Waltet vber vns	*Thut vber vns stets walten.*
	Sein Warheit/ Gnad vnd Güttigkeit/
	Erscheinet jung vnd alten.
in ewigkeit/	*Vnd weret bis in ewigkeit/*
	Schenckt vns aus gnad die seligkeit.
Halelu ja.	*Drumb singet Haleluja.*

Psalm 117 umfasst nur gerade zwei Verse. Das würde in unseren Gesangbüchern eher einem Singspruch oder gesungenen Ruf entsprechen. Daraus ein zweistrophiges Lied zu machen, wie es der schlesische Kantor Joachim Sartorius unternommen hat, verändert den Psalm schon äußerlich, aber auch in seiner Aussage, weil die Erweiterungen wesentliche Inhalte hinzufügen. In den beiden Stollen der ersten Strophe sind die beiden Hälften des ersten Psalmverses aufgenommen: der doppelte Aufruf zum Gotteslob an die *Heiden* bzw. an die *Völker.* Die Parallelisierung macht klar, dass beide Wörter dasselbe meinen und es nicht primär um einen Aufruf an „Ungläubige“ geht, wie man aus heutigem Sprachgebrauch und ohne Vertrautheit mit traditioneller Kirchenliedsprache irrtümlich assoziieren könnte.

Beiden Sätzen folgen qualifizierende Erweiterungen: das unaufhörliche Lob *zu aller Stunde* (Z. 4) und die volle innere Beteiligung *aus Herzensgrunde* (Z. 2). Die zweite Strophenhälfte formuliert den Grund und Gegenstand des Lobes. Die altprotestantische Psalmenhermeneutik geht davon aus, dass die Psalmen von Christus sprechen, und die lutherische Praxis baut diese Interpretation bei der Umdichtung der Psalmen ausdrücklich in den Text ein. Deshalb begründet sich der Aufruf zum Lob in der universalen Erwählung der ganzen Menschheit in Christus, in der Ausweitung seiner Sendung über sein eigenes jüdisches Volk hinaus auf die übrigen Völker, die „Gojim“ oder eben die „Heiden“. Sartorius hat bei der Erwählung über Israel hinaus zweifellos an die Christenheit gedacht; heute weitet sich dieser Gedanke in den globalen Kontext aus.

Auch die zweite Strophe bezieht ihre Aussagen nur in ihrer ersten Hälfte aus dem Psalm: Die Zeilen 1 und 2 entsprechen der ersten Vershälfte; in der zweiten kommen zu *Gnade und Wahrheit* des Psalmtextes – *Wahrheit* kann ebenso mit „Treue“ übersetzt werden – die benachbarten Begriffe *Barmherzigkeit* und *Gütigkeit,* die auf die erste Vershälfte zurückverweisen. Bevor mit *bis in Ewigkeit* der

Schluss des Psalmverses erklingt, wird die Universalität des Heils noch einmal formuliert, diesmal über die Generationen hinweg: *Jung und Alten.*

Vollends aus der Gedankenwelt des hebräischen Psalms heraus führt die zweitletzte Zeile, welche die in Christus allein *aus Gnade* geschenkte *Seligkeit* gewissermaßen als Krönung des bisher Gesagten anführt. Abgeschlossen wird das Lied mit dem *Halleluja*, gleich wie der Psalm.

In der sprachlichen Gestaltung sind die beiden Strophen eher anspruchslos. Sie bringen gängige Begriffe aus biblischer, kirchlicher und theologischer Sprache in Reim- und Strophenform, noch ohne die Eleganz und die Schmuckelemente der folgenden Generationen in der Zeit des Barock.

Deutlich größere gestalterische Mittel setzt die Melodie ein. Die erste Zeile geht sogleich durch die ganze Oktave und konstituiert mit der punktierten dreifachen Ligatur in der Mitte ein Element, das sich in prägender Weise durch die Strophe zieht: in beiden Stollenzeilen und wieder in der Schlusszeile. In dieser Schlusszeile ist allerdings gegenüber der originalen Gestalt eine Vereinfachung vorgenommen worden, welche sie rhythmisch mit der zweiten Stollenzeile identisch werden lässt. Die Originalgestalt war raffinierter:

Die Ligatur auf *sei-* ging nur über zwei Töne, die zweite Silbe des Wortes folgte um einen Ton früher, und der dritt- und der zweitletzte Ton bildeten eine Ligatur auf *Soh-*. Der metrische Puls wird dadurch zur punktierten Halben, gleich wie in der jeweils zweiten Hälfte der Zeilen 5 und 6, während im ersten Teil der Melodie und zu Beginn der Zeilen der zweiten Hälfte jeweils in Halben zu denken ist, alles in Übereinstimmung mit der Verteilung von betonten und unbetonten Silben im Versmaß. Die letzte Zeile verband so die melodische Führung des Stollens mit der metrischen Ordnung des Abgesangs.

Aber auch ohne diese kleine Raffinesse bleibt die Melodie bemerkenswert – nicht umsonst stammt sie von einem der bedeutendsten Melodieschöpfer der Kirchenliedgeschichte. Nach der schon genannten ersten Zeile nimmt die zweite zwar den Umfang zurück, überbietet aber die erste um einen Ton in der Höhe und baut dadurch weiter musikalische Spannung auf. Etwas bescheidener setzt danach die erste Abgesangszeile ein, wird aber in einer angedeuteten Sequenzierung durch die folgende Zeile bestätigt und bekräftigt – der Wechsel des metrischen Pulses als an dieser Stelle neues Element wurde bereits erwähnt. Wie eine Zusammenfassung wirkt die letzte Zeile: Dreiklang, Ligatur und (im Original) Pulswechsel. Dies entspricht formal und inhaltlich der Stellung der Schlusszeile: Formal ist sie die 7. reimlose Zeile der Strophenform (der so genannten Lutherstrophe), inhaltlich in der ersten Strophe der Höhepunkt – *in Christus* – und in der zweiten Strophe die Konzentration des Lobes im *Halleluja.*

Andreas Marti

300 Lobt Gott, den Herrn der Herrlichkeit

Text

Verfasser Matthias Jorissen **Entstehung** 1793 **Vorlage** Psalm 134 **Quelle** *Neue Bereimung der Psalmen* (M. Jorissen), Wesel 1798 (DKL 1798[06]) **Überschrift** Psalm 134 **Strophenbau** A8/4a A8/4a A8/4b A8/4b ‚Ambrosianische Hymnenstrophe' vgl. Frank 4.58 **Abweichungen** 2,3 *der Herr ist nah im* heiligthum; 2,4 *Anbethet seines namens* ruhm **Verbindung TM** wie EG

Melodie

Incipit 1_1-7-6-51_2_3_ **Verfasser** Loys Bourgeois **Entstehung** 1551 **Ausgaben** Z I,368; Pidoux I,134a **Besonderes** in der englischen und amerikanischen Liedtradition als *Old 100* bekannt **Ambitus** G: 8; Z: 6455 **Abweichungen** Taktvorzeichnung ¢; Oktave tiefer * RG: einen Ton höher; 4st. S (nach Claude Goudimel 1564/65); Taktvorzeichnung ¢ * EM: 4st. S (nach Claude Goudimel); einen Ton höher; keine Pausen am Zeilenende **Verbindung MT** Q: *Or sus, serviteurs du Seigneur* **Quelle** *Pseaumes octante trois de Dauid*, Genf 1551 *Nvn mach vns heilig Herre Gott* (Straßburg 1562, DKL III/1.2 Eb52) * *Ihr Knecht des Herren allzugleich* (Ps 134 Lobwasser 1573, DKL III/2 Eb52A) * *Herr, mein Herz ist hochfahrend nicht* (Straßburg 1573; DKL III/2 Eb52B) * *Ein vornehmer Pharisäer* (Gesius 1605; DKL III/4 Eb52) * *Herr Gott dich alle loben wir* (EKG 115) * *Gott aller Schöpfung heilger Herr* (EG 142/ GL 605/ RG 781) * *Brunn alles Heils, dich ehren wir* (EG 140/ EKG 112/ RG 244) * *Ein wahrer Glaube Gotts Zorn stillt* (EG 413/ EKG 246) * *Der Herr ist König, hoch erhöht* (EG Regionalteil/ EKG-Regionalteil Pfalz 439) * *Kommt, Menschenkinder, rühmt und preist* * *Ihr Knechte Gottes allzugleich* (RG 89) * *Beschirm uns, Gott, bleib unser Hort* (RG 517) * *Bescher uns, Herr, das täglich Brot* (RG 629) * *Herr, gib uns unser täglich Brot* (EG 464/ RG 638/ KG 638)

Literatur

HEKG (Nr. 196) I/2, 316f; II/2, 81; III/1, 427–429; III/2, 48f; Sb 301f; HEG II, 52f.170–172 ** ÖLK, Lfg. 4 (*Ihr Knechte Gottes allzugleich*); ThustB, 272 (Neufassung Ingelheim 2016, 250f); ThustL II, 66f ** EEKM (1888–1895) I, 568–570; Schlunk (1951) 232; DKL (1993–2010) III/1.2 Textbd., 154 und III/2, 121 ** PRATT, Waldo Selden: The Music of the French Psalter of 1562. A Historical Survey and Analysis with the Music in Modern Notation, New York **1939**, Nachdruck ebd. **1966**, Nr. 134 * DE LA MOTTE, Diether: Melodie. Ein Lese- und Arbeitsbuch, München/Kassel **1993**, 200 * DOBBINS, Frank: Bourgeois, Loys, in: MGG[2] Personenteil 3 (**2000**) 551–554 * WEBER, Édith: Die Melodisten des Genfer Psalters: Franc, Bourgeois, Davantès, in: Der Genfer Psalter – eine Entdeckungsreise, hg. von Peter Ernst Bernoulli und Frieder Furler, Zürich **2001**, 26–28 * LEAVER, Robin A.: Genevan Psalm Tunes in the Lutheran Chorale Tradition, in: Der Genfer Psalter und seine Rezeption in Deutschland, der Schweiz und den Niederlanden. 16.–18. Jahrhundert, hg. von Eckhard Grunewald, Henning P. Jürgens u. Jan R. Luth, Tübingen **2004**, 149.163

Wie nicht selten bei den Psalmliedern stellt sich auch hier ein doppeltes Übertragungsproblem. Vom alttestamentlichen Psalm zum Lied wechselt die Situation, aus der und in die der Text spricht, und in den zwei Jahrhunderten seit Matthias Jorissens Nachdichtung haben sich Gottesbild und Glaubensweise stark verändert. Für den ersten Schritt vom Jerusalemer Tempel in die reformierte Kirche des späten 18. Jh. ist es hilfreich, beide Texte direkt zu vergleichen:

Wohlan, lobet den HERRN, all ihr Knechte des HERRN, die ihr steht des Nachts im Hause des HERRN!	*Lobt Gott, den Herrn der Herrlichkeit,* *ihr, seine Knechte, steht geweiht* *zu seinem Dienste Tag und Nacht;* *lobsinget seiner Ehr und Macht.*
Hebet eure Hände auf im Heiligtum und lobet den HERRN.	*Hebt eure Hände auf und geht* *zum Throne seiner Majestät* *in eures Gottes Heiligtum,* *bringt seinem Namen Preis und Ruhm.*
Der HERR segne dich aus Zion, der Himmel und Erde gemacht hat!	*Gott heilge dich in seinem Haus* *und segne dich von Zion aus,* *der Himmel schuf und Erd und Meer.* *Jauchzt, er ist aller Herren Herr!*

Dabei ist zu bedenken, dass schon die deutsche Wiedergabe des hebräischen Textes einen erheblichen Schritt von der Ursprungssituation weg bedeutet. Das ist hier bedeutsam, weil nicht mehr erkennbar ist, dass der Psalm durch das hebräische Wort ברך (brk) zu einer Einheit verbunden ist. Es bedeutet sowohl „loben" wie „segnen", vergleichbar dem lateinischen „benedicere", und steht sowohl im ersten Teil (Verse 1 und 2) wie im Schlussvers.

Der Psalm gehörte wohl zu einer nächtlichen Feier im Tempel.[1] Die Verse 1 und 2 geben den Aufruf zum Lob wieder, den die Priester an die feiernde Gemeinde, die *Knechte*, richteten; der Schluss ist der Segen, mit dem sie die Feiernden entließen.

Diese spezifische Situation ist im Lied verallgemeinert. Hier wird generell zum Gotteslob aufgerufen, *Tag und Nacht*. Während im Psalm deutlich zwei Phasen der Feier angesprochen sind, nämlich der Aufruf zu Beginn und der Segen am Schluss, ist im Lied durch die Schlusszeile *Jauchzt, er ist aller Herren Herr* der Segen in das übergreifende Thema des Gotteslobs integriert. Die Einheit, die der hebräische Psalm durch die beschriebene Wortidentität über die beiden Situationen hinweg herstellt, ist hier erreicht in der Generalisierung des Lobs und der Aufforderung dazu.

Eine solche Generalisierung würde für sich genommen die Übertragung in andere Situationen erleichtern oder erst überhaupt ermöglichen. Schwierigkeiten bleiben trotzdem. *Zion* gehört zum traditionellen Binnenvokabular von Kirche und Kirchenlied und dürfte für Menschen, die nicht „hochverbunden" sind, schwer verständlich oder gar missverständlich sein. *Knechte* ist als Ausdruck für die feiernde Gemeinde problematisch; der Begriff ist – mindestens heute – allzu negativ besetzt und zudem unter Genderaspekten unangemessen.

Gravierende Folgen hat es, dass aus dem kurzen Psalmtext ein Lied mit drei Strophen gemacht wurde. Das bedingte die Auffüllung der Verszeilen mit weiterem Material, und dies bringt eine erhebliche Akzentverschiebung mit sich. Jorissen verwendet eine lange Reihe von Majestätsvokabeln, die so im Psalm gar nicht stehen: *Herrlichkeit, Ehre, Macht, Thron, Majestät, Ruhm, aller Herren Herr.* Lediglich *Herr* steht auch im Psalm, ist dort aber die im gesprochenen Vortrag verwendete Ersatzvokabel Adonai für den unaussprechbaren Gottesnamen. Im Lied ist die semantische Ebene dieses Wortes aufgenommen und in aller Breite ausgedehnt, verstärkt noch durch das schon genannte *Knechte,* so dass ein „Herr-Knecht"-Schema für das Verhältnis zwischen Gott und Menschen entsteht.

Wenn man diese Einseitigkeit im Gottesbild nicht oder nicht mehr akzeptieren kann, stellt sich die Frage nach der Brauchbarkeit und Funktion des Liedes. Dabei ist dreierlei zu bedenken:

1. Im Kontext einer gottesdienstlichen Feier kommen andere Elemente dazu, welche komplementäre und korrigierende Aspekte einbringen können. Das braucht nicht einmal explizit formuliert zu werden, sondern wird bereits durch das Nebeneinanderstehen erreicht.
2. In der Wahrnehmung wird die Wortkette des „Hoheits"-Paradigmas eventuell überblendet durch die andere Kette: *lobt, lobsinget, bringt Preis, jauchzt.* Diese Begriffe fordern zum Lob auf und vollziehen es darin zugleich. Die performative Seite der Sprache überwiegt, die Semantik des Gottesbildes bleibt im Hintergrund. Dort ist es zwar auch noch wirksam, ist aber eventuell leichter zu ergänzen oder zu korrigieren, wenn es nicht die Hauptaussage darstellt.
3. Schließlich besteht eine Möglichkeit, den Text vom Schluss her zu verstehen: Wenn Gott *aller Herren Herr* ist, liegt darin eine herrschaftskritische Spitze: Keine irdische Herrschaft darf sich absolut setzen, ist vielmehr zu relativieren an Gottes Herrschaft und an seinem Willen. So verstanden nimmt die Schlusszeile die Traditionen auf, welche die gesellschaftlich-politische Relevanz des Glaubens betont haben, von den alttestamentlichen Propheten bis zur reformierten Konzeption des „regnum Christi" – möglich, dass Jorissen als Reformierter hier bewusst den Akzent gesetzt hat, dem wir beispielsweise auch in Kurt Martis Lied *Der Himmel, der ist, ist nicht der Himmel, der kommt* begegnen: *Der Himmel, der kommt, das ist der kommende Herr, wenn die Herren der Erde gegangen.*[2]

Im Repertoire der Genfer Melodien fällt Psalm 134 durch seine Kürze auf. Vierzeilige Melodien sind relativ selten, nur eine Melodie ist nach der Silbenzahl noch kürzer (jene zu Psalm 136 mit 4 Zeilen zu 7 Silben) und nur eine Melodie hat dasselbe Metrum wie Psalm 134, nämlich diejenige zu Psalm 131. Es ist das Metrum des alten ambrosianischen Hymnus (4 Zeilen zu 8 Silben), das in der deutschen und englischen Kirchenlieddichtung ausgesprochen häufig ist (in

[2] EG 153, RG 867.

der englischsprachigen Hymnologie spricht man vom „long meter"). Daraus erklärt sich die Tatsache, dass kaum eine andere Genfer Melodie sich außerhalb des reformierten Psalters so weit verbreitet hat. Im Englischen wurde sie schon 1561 für eine Nachdichtung des 100. Psalms gebraucht und trägt daher den Melodienamen „Old Hundreth"; sie fehlt in kaum einem englischsprachigen Gesangbuch, allerdings seit dem 18. Jh. mit rhythmisch veränderter Schlusszeile: Deren Rhythmus wird bis heute im englischsprachigen Kirchengesang dem der übrigen Zeilen angeglichen.

Ein solcher Erfolg ist nur zu erklären durch eine besonders hohe Plausibilität der Melodie - schließlich gibt es im selben Metrum Dutzende, wenn nicht Hunderte anderer Melodien.[3] Bezeichnend für jene zu Psalm 134 ist eine ausgesprochene Ökonomie der Mittel. Die Melodie besteht aus nur einem Hauptelement, zu dem vier ergänzende Bausteine treten. Das Hauptelement ist der Terzgang, teils steigend, teils fallend, zweimal zur Quart erweitert. Im Melodieschema sind die Einzelbausteine durchlaufend nummeriert; das Hauptelement Terzgang kommt folgendermaßen vor:

steigend:	4, 9, 12 (nur in den Zeilen 1 und 3)
fallend:	2, 6, 8, 10, 15 (in allen Zeilen)
in Halben:	4, 8, 12, 15 (alle Zeilenschlüsse)
in Vierteln:	2, 6, 10 (nicht mehr in der Schlusszeile)
gemischt:	9
erweitert zur Quarte:	2, 15 (erstes und letztes Vorkommen)

[3] Zahn führt die Melodien dieses Metrums unter den Nummern 297 bis 701 auf, also 405 Melodien, die Varianten nicht mitgerechnet.

Während fallende Terzgänge in allen Zeilen vorkommen, stehen steigende nur in den Zeilen 1 und 3; sie bauen jeweils zu Beginn der Strophenhälfte die Spannung auf, die in der zweiten und vierten Zeile auf dem Grundton wieder gelöst wird. Alle Zeilenschlüsse verwenden den Terzgang in langen Noten und realisieren so das Endgewicht der Zeilen gemäß den Prinzipien der französischen Metrik, die ja am Anfang der Melodieentstehung steht. Dass die Zeilenschlüsse zwischen steigender und fallender Bewegung abwechseln, verleiht der Melodie einen starken formalen Rhythmus. Ergänzende Bausteine sind die Tonwiederholung zu Beginn der ersten beiden Zeilen (Elemente 1 und 5) sowie die Quart- bzw. Terzsprünge in der Mitte jeder Zeile (Elemente 3, 7, 11 und 14). Als Singularität fällt das Element 13, der Dreiklang in Zeile 4, auf. Diese Zeile weicht zudem durch ihren Rhythmus von den drei anderen, identisch gebauten ab und setzt mit den langen Anfangsnoten einen gewichtigen Schluss für die Gesamtmelodie. Nach der starken Schlusswirkung am Ende der dritten Melodiezeile wird durch die besondere Gestaltung der letzten erneut Spannung aufgebaut und ein belangloses „Auslaufen“ der Melodie vermieden.

Zwischen den jeweils aufeinander folgenden Zeilen bestehen starke Beziehungen; die Melodiebausteine lassen sich direkt aufeinander beziehen. Von Zeile 1 zu Zeile 2 ist diese Beziehung folgendermaßen zu beschreiben:

Parallele	1→5	Tonwiederholung
Parallele	2→6	Terzabstieg
Parallele	3→7	Quartsprung
Spiegelung	4→8	Terzgang

Von Zeile 2 zu Zeile 3 ergibt die Beziehung der Bausteine die Abfolge

Differenz	5→9	nur rhythmisch gleich
Identität	6→10	Terzgang
Spiegelung	7→11	Sprünge, unterschiedlich weit
Spiegelung	8→12	Terzgang

Wegen der dreifachen Singularität am Anfang von Zeile 4 (drei lange Noten, Spitzenton, Dreiklang) ist die Beziehungsstruktur von Zeile 3 und Zeile 4 etwas lockerer:

Singularität	13	
Spiegelung	11→14	Terzsprung
Spiegelung	12→15	Terzgang

Die so entstehende außerordentliche Geschlossenheit der Melodie wird noch verstärkt durch den Verlauf der Zeilenanfänge und -schlüsse. Alle Zeilenanfänge liegen auf den Tönen des Grunddreiklangs, die Schlusstöne bewegen sich sukzessive durch die Terz abwärts. Loys Bourgeois (um 1510 – nach 1551), der die Melodie zum Psalm 134 für die im Jahr 1551 in Genf erschienene Sammlung

„Pseaumes Octante trois“ schrieb, zeigt damit, wie es möglich ist, hohe Plausibilität und Eingängigkeit zu erreichen, ohne dass die inneren Beziehungen zu platten Identitäten und Korrespondenzen werden.

Andreas Marti

303 Lobe den Herren, o meine Seele

EG 303 RG 99 CG 813 EM 11

Text

Verfasser Johann Daniel Herrnschmidt **Vorlagen** das Lied *Lobet den HERREN aller Herren* (FT V,225) von Leonhard Sturm * Ps 146 **Quelle** *Neues Geist-reiches Gesang-Buch* (Johann Anastasius Freylinghausen), Halle 1714[1] (DKL 1714^{06}) **Überschrift** *Der CXLVI. Psalm* **Ausgabe** Johann Anastasius Freylinghausen. Geistreiches Gesangbuch. Edition und Kommentar II/2, hg. von Dianne Marie McMullen und Wolfgang Miersemann, Berlin/New York 2010, 718f **Strophenbau** 10/4a- A8/4b, 10/ 4a- A8/4b, A8/4c 8/4c R: 2x Halleluja **Abweichungen** 2,5 Weil *dann*; 3,2 GOtt *Jacob*; 3,4 *JEsum*; 5,3 zur speis *bescheiden*; 5,5 hart *gebundne*; 5,6 *seine genad* * RG: 3,4 *Jesum* Christ; 4,1 Himmel *und Meer und* Erden; 5,1 *Siehet er Menschen,* die; 5,3 Speis *bescheiden*; 5,6 *Gnade verleiht er* mancherlei; 6,3 *gläubige Seelen* finden; 6,5–6 *Dem Fremdling steht er hilfreich bei,/* Witwen und Waisen *schützt er treu*; nach 6: 8. * CG wie RG ohne Strophe 2 * EM: 2,2 und *sinken wieder in den* Staub; nach 3: 8. **Verbindung TM** wie EG

Melodie

Incipit 1_-5_1_ 1_.-71_2_.34_ 3__.2__ **Vorlage** *New-vermehrte Christliche Seelenharpf*, Ansbach 1665 (DKL 1665^{01}) zum Text *Lobet den Herren aller Herren*; Z III,4994 **Quelle** s. o. * Variante der Schlusszeile in: Choral-Buch (Christian Gregor), Leipzig 1784 (DKL 1784^{03}) **Ausgabe** Z III,4995; McMullen/Miersemann s. o. Text/Ausgabe **Besonderes** für die letzte Melodiezeile sind zwei Versionen angegeben **Ambitus** G: 7; Z: 74(74)674 **Abweichungen** mit Generalbaß; Quarte höher; Taktvorzeichnung **3/2**; doppelte Notenwerte; Fermaten auf den Zeilenschlüssen (außer Schlussnote); Z. 1/3, N. 5: *g'*, nach N. 11: keine Pause; Z. 2/4 (s. Notenbeispiel im Kommentar), N. 1: Auftakt zu N. 2; N. 2: Halbe; N. 4–6: zu *lo-*; N. 7: zu *-ben*; N. 8: punktierte Viertel *a'* mit Achtel *g'* zu *bis in*; Z. 5: zwei Viertelpausen, dann N. 1 Auftakt zu N. 2; N. 2: Halbe; Z. 6, N. 2–3: *h g* [sic: es folgt ein Oktavsprung auf N. 4]; Z. 7 entspricht der Hauptfassung im EG * RG, CG: 4st. Satz (nach Halle 1714); Taktvorzeichnung 6/4 mit überschriebener punktierter Halben; Z. 1, N. 7–8: ohne Punktierung; N. 10–11: Halbe, Viertel; Z. 2, N. 7–8: erst Halbe dann Viertel; Z. 5, N. 4–6: Halbe *fis'* (*Seel*) Viertel *a'* (*ge-*); N. 7: zwei Viertel *g' a'* (*-ge-*); Z. 6, N. 6–7: ohne Punktierung; N. 9 Halbe; Z. 7: entspricht Alternativfassung des EG * EM: 4st. Satz (nach Halle 1714); Taktvorzeichnung: punktierte Halbe über Vorzeichnung; Z. 2/4, N. 7–8: erst Halbe dann Viertel; Z. 7: entspricht Alternativfassung des EG **Verbindung MT** wie EG

[1] Digitalisat: Bayrische Staatsbibliothek, München.

Literatur

HEKG (Nr. 198) I/2,317f; III/2,52-54; Sb 304f; HEG II,148f ** ThustB, 274 (Neufassung Ingelheim 2016, 253); ThustL II, 71-73 ** Koch ([3]1866-1877) VIII, 353f; EEKM II, 73f; KLL (1878-1886) II, 36; Schlunk (1951) 230; Bruppacher (1953) 38f

Johann Daniel Herrnschmidt hat sein Lied eng entlang dem 146. Psalm gedichtet und seine Vorlage poetisch und theologisch entfaltet. Die beiden Stollen von Strophe 1 entsprechen den Psalmversen 1 und 2; die einfache Nennung der Lebenszeit im Psalm ist ins poetische Bild der *Stunden* gefasst. Die Abgesangszeilen verweisen zusätzlich zum Textbestand des Psalms auf den Schöpfer und Geber dieser Lebenszeit. Darauf folgt das den Psalm eröffnende und abschließende *Halleluja*, das sich in allen Strophen als Refrain wiederholt.

Eine bemerkenswerte Zuspitzung erfährt in der 2. Strophe der 3. Psalmvers: *Verlasset euch nicht auf Fürsten; sie sind Menschen, die können ja nicht helfen*, indem der allgemein auf die menschliche Vergänglichkeit gemünzte 4. Vers, *denn des Menschen Geist muss davon*, hier ausdrücklich auf die Fürsten bezogen wird. Wie mögen die Menschen damals, in der Zeit des fürstlichen Absolutismus, diese Liedverse gehört, was mag sich Herrnschmidt dabei gedacht haben? Kann die neuzeitliche Aufwertung des Individuums, zu der der Pietismus auf der geistlichen Ebene wesentlich beigetragen hat, eine solche immanente Herrschaftskritik hervorgebracht haben?

Die Pointe der zweiten Strophe, dass die Hilfe allein von Gott zu erwarten ist, führt direkt in die dritte Strophe weiter. Auf diese Weise ist das Thema der Hilfe konsequenter in den Aufbau des Liedes verwoben, als es im Psalm der Fall ist; dort wirkt Vers 4 wie ein begründender Exkurs, eingeschoben zwischen dem Ende von Vers 3 und dem Neueinsatz mit dem Stichwort *Hilfe* in Vers 5.

Diese dritte Strophe vollzieht in aller Deutlichkeit das hermeneutische Prinzip, das die lutherische Tradition der Psalminterpretation und Psalmnachdichtung seit Luther selbst immer gefordert und praktiziert hat: Die Psalmen sprechen von Christus (damit waren die Reformierten durchaus einverstanden, wie die „arguments“ bei den Genfer Liedpsalmen beweisen), und dieser christologische Sinn soll sich bei der poetischen Transformation bereits auf der Textebene manifestieren (dem setzten die Reformierten die Texttreue, die „veritas hebraica“ entgegen). Die christologische Interpretation beginnt mit dem Anklang an die Seligpreisungen Jesu in der Bergpredigt (Mt 5,3-11) und gipfelt in der Nennung Jesu Christi als des *Herrn* und *Beistand(s)*.

Strophe 4 entspricht dem 6. Psalmvers. Dieser führt Gottes Schöpfermacht als Begründung für das Vertrauen auf seine Hilfe an – ähnlich wie Herrnschmidt es in Str. 1 als Begründung für das Lob bereits vorausgenommen hat. Innerhalb des Liedtextes entsteht so wiederum ein engerer formaler Zusammenhang als im Psalm, wie wir schon bei der Verknüpfung von Vers 3 und 4 in Str. 2 gesehen haben.

Welcher uns ewig Treue hält – Der Treue hält ewiglich: Dieser Satz ist uns vertraut aus dem „Adiutorium“, der liturgischen Eingangsformel in ihrer ausführlicheren Fassung, die sinngemäß bereits mit dem 5. Psalmvers einsetzt: *Unsere Hilfe steht im Namen des Herrn ...* Bei Herrnschmidt ist die *Treue* vorgängig zugespitzt zur Verlässlichkeit von Gottes Zusagen, die *pünktlich erfüllet werden.* Das darf nicht im Sinne einer platten Vorsehungs- oder Vorherbestimmungslehre missverstanden werden. Vielmehr geht es darum, dass Gott seine Verheißung im Großen, das Heil in Christus, an den Menschen verwirklicht und er nicht zulässt, dass denen, die er so als seine Kinder angenommen hat, Schlimmes geschieht. Dass sich dies mit der erfahrenen Wirklichkeit nur zu oft stößt, ändert nichts an der Bedeutung dieser Sätze, macht sie vielmehr zur trotzig-tröstlichen Gegenbehauptung des Glaubens.

Dieses konkrete Heilshandeln Gottes zählt Herrnschmidt in den Strophen 7 und 8 auf, eng dem Text der Psalmverse 7 bis 9 folgend. In dieser Aufzählung weisen nur gerade die *Blinden* eindeutig auf ein körperliches Leiden hin. Es dominieren soziales Leid, Benachteiligung und Ungerechtigkeit, ganz in der Linie prophetischer Texte wie z.B. Jesaja 10,1f und im Anschluss an Forderungen der Tora nach sozialer Gerechtigkeit. Freilich ist es Gottes Werk, wenn in diesen Situationen Hilfe kommt; die Erweiterungen im Liedtext – *dein Gott sorgt stets für dich* (7,6) und *wo er kann einige Fromme finden,/ die lässt er seine Liebe sehn* (6,3–4) – machen das hinreichend deutlich. Aber dass damit Werte und Normen gesetzt sind, an denen sich auch das menschliche Handeln zu orientieren hat, ist angesichts der im Lied mehrfach angesprochenen intensiven Ausrichtung des Menschen auf Gott so selbstverständlich, dass es nicht einmal explizit formuliert werden muss. Für den Psalm selbst ist wohl Ähnliches vorauszusetzen, dort schon auf Grund der zitierenden Bezüge auf Tora und Propheten, wo es eindeutig um Forderungen ans menschliche Handeln geht. Vielleicht lässt sich hier wieder eine Verbindung zum pietistischen Hintergrund Herrnschmidts schlagen, gingen doch vom Pietismus starke soziale und karitative Impulse aus, und die Franckeschen Stiftungen in Halle, woher unser Lied ja stammt, begannen mit einem Waisenhaus. Zudem steckt in diesen Strophen ein weiterer neutestamentlicher Bezug, der Herrnschmidt zweifellos bewusst gewesen ist: *Blinde sehen, Lahme gehen* (Mt 11,5; Lk 7,22). Das Werk Christi erscheint einmal mehr in den Psalmen vorgebildet.

Vers 9b zeigt im Psalm in aller Kürze ein Gegenbild: *aber die Gottlosen führt er in die Irre.* Dieses formuliert Herrnschmidt ausführlicher und auch formal prominenter. Aus dem angehängten Satz im Psalm ist ein Strophenanfang geworden, so dass hinter dem nunmehr betonten Gegensatz zwischen den *Frommen* und den *Gottlosen* vielleicht die pietistische Scheidung zwischen den „Wiedergeborenen“ und den „Nichtwiedergeborenen“ vermutet werden kann. Angesichts der großen Verbreitung dieses alttestamentlichen Gegensatzpaares in der kirchlichen Tradition ist dies aber nicht zwingend. An drei Stellen haben wir nun mögliche Beziehungen zwischen dem Liedtext und dem pietistischen Hintergrund Herrnschmidts erkannt, aber man wird wohl sagen müssen, dass dies alles auch im Rahmen eines orthodoxen Luthertums nicht sehr viel anders formuliert worden wäre. Ein typisch pietistisches Lied haben wir jedenfalls nicht vor uns.

Die zweite Hälfte von Strophe 7 nimmt den zehnten und letzten Psalmvers auf. Sie ist gegenüber der Vorlage erweitert um den Gedanken von Gottes Fürsorge und verbindet so den Schluss des eigentlichen Psalmliedes mit der Aufzählung in den vorhergehenden Strophen – eine weitere Verstärkung des inneren formalen Zusammenhangs.

Strophe 8 ist die in der lutherischen Tradition meist den Psalmliedern angehängte trinitarische Doxologie, welche die christologische Interpretation zusammenfassend bekräftigt. Hier ist sie eingeleitet durch Zitate aus Psalm 150. Dessen Liedfassung, gedichtet von Leonhard Sturm, war es ja, von der Herrnschmidt Strophenschema und Melodie übernommen hat.

Stilistisch bewegt sich Herrnschmidt auf einer mittleren Ebene. Er verwendet Gestaltungsmittel, die für den Barock selbstverständlich sind: Zwillingsformeln wie *Leib und Seel* (1,5), *Rat und Tat* (3,6) und *lobt und preist* (8,7), intensivierende Wiederholungen bei *Selig, ja selig* (3,1) und beim doppelten *Halleluja* am Ende jeder Strophe, Bilder wie der *Raub* des Grabes (2,4) oder der *Strick* der Gottlosen. Er setzt diese Mittel aber eher zurückhaltend ein; es fehlen die hochemotionalen Bilder und Sprachformen des von anderen barocken Autoren manchmal verwendeten „genus sublime", was auch an der Nähe des Liedes zum Psalmtext liegt. So hören wir dem Lied zwar da und dort sein Alter an (etwa die *Anschläge* 2,3 oder die *Aufsicht* 6,5), doch wirkt der Text im Ganzen recht schlicht und geradlinig. Seiner breiten Rezeption, zunächst vor allem in pietistischen Gesangbüchern, war dies sicher förderlich.

Ungewöhnliches Strophenmaß und barocke Rhythmuselemente verbinden sich zu einem differenzierten Miteinander, bei dem sich die Textakzente in unterschiedlicher Weise auf den Melodierhythmus auswirken. Die Strophe beginnt mit zwei Daktylen. Der erste Akzent (*Ló*-be) wird nur durch die erste, schwere Taktzeit des Dreiertaktes realisiert, die zweite (*Hér*-ren), erhält eine Punktierung. Die Fortsetzung steht im alternierenden Textmetrum, d.h. betonte und unbetonte Silben wechseln regelmäßig ab (erst die 6. Zeile beginnt dann wieder daktylisch). Auf dem dritten Akzent der ersten Zeile steht eine Ligatur aus punktiertem Viertel und Achtel, der vierte trifft auf eine punktierte Halbe. Damit erhalten diese ersten vier Akzente wachsende rhythmische Dauern: Viertel, punktiertes Viertel, Halbe (aus punktiertem Viertel und Achtel), punktierte Halbe. Das quantitierende Prinzip, dass betonte Silben auf lange, unbetonte auf kurze Noten fallen, wäre in der Originalgestalt auch in der zweiten Zeile noch deutlicher gewesen. Diese begann dort mit einem Auftaktviertel, der an der Stelle der heutigen Pause steht, gefolgt von einer Halben auf der Akzentsilbe *will*. Die heutige Fassung findet sich laut der Melodienausgabe von Johannes Zahn zuerst bei König 1738. Dort ist sie wohl als Vereinfachung auf dem Hintergrund des langsamen Gemeindegesanges zu verstehen, der die Bedeutung der rhythmischen Gestalt stark reduziert hat. Heute entsteht eine Art Halbe-Auftakt von *will* zu *ló*-ben. Das erzeugt den Eindruck eines vorübergehenden Wechsels in den 3/2-Takt, ein Phänomen, das aus Melodien des 17. Jh. (etwa

Wer nur den lieben Gott lässt walten) bekannt ist, an dieser Stelle aber nicht vorgesehen war. Am Stollenschluss ist die rhythmische Struktur gegenüber der Originalfassung grundlegend verändert. Die heutige Fassung bildet eine Art Gegenrhythmus zum Textakzent (kurz-lang statt lang-kurz) und kann gehörsmäßig mit einer Kadenz mit Vorhaltsbildung verbunden werden. Im Original erstreckte sich jedoch die Ligatur auf *ló*-ben über drei statt nur über zwei Töne; an Stelle der heutigen Halben auf *in* standen ein punktiertes Viertel und ein die Schlussnote antizipierendes Achtel, syllabisch textiert, so dass das im Textmetrum betonte *bis* auf das punktierte Viertel fiel und so eine Hemiole erzeugte, die typische barocke Kadenzfigur im Dreiertakt. Ihre Wirkung kann sie deswegen entfalten, weil in der ersten Zeilenhälfte, anders als in der heutigen Fassung, die Dreiviertelordnung konsequent eingehalten ist.

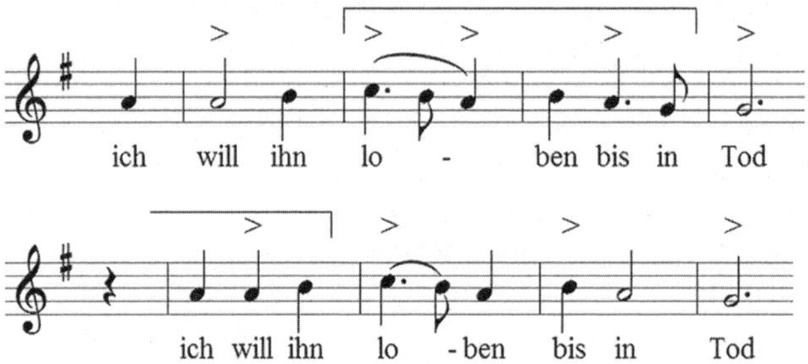

Obere Zeile: Originalfassung, untere Zeile: EG-Fassung; die Klammern bezeichnen die Hemiole bzw. den temporären 3/2-Takt, gemäß den Akzentsilben des Textes.

Beim Anfang des Abgesangs entspricht die Situation dem Anfang der 2. Zeile, wiederum mit der Begradigung des Auftakts durch König. Die zweite Abgesangszeile beginnt im Text wieder wie die Anfangszeile daktylisch, diesmal mit nur einem Daktylus, realisiert wie zu Beginn durch drei Viertelnoten; danach setzt sie quantitierend lange Noten (bzw. eine Ligatur) auf die Textakzente. Die beiden Varianten der Refrain-Zeile stehen für zwei unterschiedliche Betonungen: *Hál-le-lu-já* in der Originalversion, *Hal-lé-lu-já* in der Fassung von Christian Gregor 1784.

Außer im Rhythmus hat die Melodie auch im Tonbestand einige Veränderungen erfahren. So standen in der zweiten Dreiergruppe (*Hér-ren, o*) drei gleiche Töne; dies berücksichtigte in stärkerem Maße die unbetonte Stellung der Silbe *-ren.* Erst Gregor führte 1784 den Wechselton ein, entfernte aber die Punktierung, so dass wir heute eine Mischform haben. Eine größere Änderung betrifft die zweite Abgesangszeile. Statt mit drei gleichen Tönen begann sie mit einer Dreiklangsbrechung nach unten. Damit umfasste die Melodie (und auch die betreffende Zeile) einen Ambitus von einer Undezime. Das ist für den Gemeindegesang sehr viel, und die Änderung dieses Zeilenanfangs hat ihn auf eine bequeme Septime reduziert. Überhaupt lassen sich die diversen Änderungen als Vereinfachung verstehen, die eine Verschiebung von der Gattung des barocken Sololiedes zur Gemeindemelodie bedeuten. Trotzdem bleibt die stilistische Zugehörigkeit zum Barock deutlich: mit den Punktierungen, den Ligaturen, dem engen Zusammenhang von Text- und Melodieakzenten und der klaren Kadenzorientierung. Die Melodiezeilen ergeben nämlich eine einfache Kadenzordnung: Die beiden Stollenzeilen gehen von der Tonika in die Dominante und von dort zurück in die Tonika. Die erste Abgesangszeile moduliert in die Dominante, die zweite beginnt im Dominantbereich (im Original war es wegen des Dreiklangs die Tonika) und entspricht dann (auch melodisch) der ersten Strophenzeile, während die Halleluja-Zeile zwischen beiden Funktionen pendelt. Die harmonische Ordnung erscheint damit außerordentlich schlicht, auch dies ein Punkt, der die Rezeption zweifellos begünstigt hat.

Mit Ausnahme der Quartsprünge zu Beginn bewegt sich die heutige Melodie fast ausschließlich in Sekundschritten und Tonwiederholungen. Die erste Zeile erreicht auch bereits den Maximalumfang von einer Septime. Ein solches Muster ist recht häufig anzutreffen: ein Anfang, welcher der Melodie ein individuelles Profil verleiht und sie unverwechselbar macht, danach ein Melodieverlauf mit deutlich weniger charakteristischen Elementen. Erkennbarkeit und leichte Singbarkeit können auf diese Weise miteinander in Einklang gebracht werden.

Andreas Marti

325 Sollt ich meinem Gott nicht singen

EG 325 RG 724(T) u. 725 CG 834(T) EM 32 u. 33(T)

Text

Verfasser Paul Gerhardt **Vorlage** Fornaçon vermutet einen Zusammenhang mit Rists weltlichem Gedicht „Daphnis wollte Blumen brechen" (vgl. JLH 4, 1958/59, 119) **Quelle** *PRAXIS PIETATIS MELICA. Das ist: Vbung der Gottseligkeit* [...] *EDITIO V.* (Johann Crüger), Berlin 1653 (DKL 1653[04]) **Überschrift** *223. Mel. Lasset uns den Herren preisen* **Ausgaben** FT III,416; PPMEDW I/1[1], 254 **Strophenbau** A8/4a- A7/4b, A8/4a- A7/4b, A8/4c- A7/ 4d A7/4d A8/4c- A7/4e A7/4e vgl. Frank 10.5 **Abweichungen** 5,3 *noth zustehen*; nach 7: 8. *Wie so manche schwere plage* und 9. *Wie ein Vater seinem Kinde* * RG 2,3 *immer* wieder; 7,3 *jeden lieben* Morgen; 8,8 *immer* wieder * EM: 2,3 *immer* wieder; 7,3 *jeden lieben* Morgen; ohne Strophe 6, 8–9 * CG: nur Str. 1, 7, 10; 1,4 *Herz bewegt*; 7,3 *jeden neuen* Morgen; 7,4 *seine* Lieb; 7,5 Wäre *nicht mein Gott* **Verbindung TM** in der Q ohne N, die Überschrift verweist auf die in der Quelle S. 319 gedruckte Melodie Z IV,7887 * eigene Melodien: Albrecht Peter Bertsch (vor 1800; RG 724; CG 834; EM 33); Johann Georg Ebeling (1667; Z IV,7901a); 26 weitere von 1668 bis 1882: Z IV,7886b und Z IV,7901a – Z IV,7924 * weitere Melodien: *Jesu, du mein liebstes Leben* (Johann Schop bei Rist 1642; Z IV,7891); *Sollt ich meinen Gott nicht lieben* (Nikolaus Hasse, 1659; Z IV,7900)

Melodie

Incipit 11 5_87_7 88 **Verfasser** Johann Schop **Quelle** *Himlischer Lieder* (Johann Rist), Lüneburg 1641 (DKL 1641[05]) **Ausgabe** Z IV,7886a; Johann Rist/ Johann Schop, Himmlische Lieder (1641/42), hg. von Johann Anselm Steiger und Konrad Küster, Berlin 2012, 42f **Besonderes** Korth vermutet einen subtilen Bezug der Melodie von Crüger (s. o. Z IV,7887) zur Originalmelodie von Rist (PPMEDW I/2 Apparat, Nr. 193*) **Ambitus** G: 10b; Z: 86b(86b)6b3b455♯4♭ **Abweichungen** mit bez. Bass; ¢ **3/2**; doppelte Notenwerte; Ton höher; vor Z. 1: zwei Viertelpausen; Z. 1, N. 1–2: Achtelnoten; Z. 6, 7, 9, je letzte N.: punktierte Halbe, ohne folgende Pause; Z. 10, N. 4–6: *f" d" d" c"* * RG: Generalvorzeichnung 3 b **Verbindung MT** in der Q: *Lasset uns den Herren preisen* * weitere: *Lasset uns mit Jesus ziehen* (EG 384; EM 322)

Literatur

HEKG (Nr. 232) I/2,361f; III/2,149–151; Sb 357f; HEG II,110–112.281f ** ThustB, 288f (Neufassung Ingelheim 2016, 267f); ThustL II, 110–113 ** KLL (1878–1886) II, 267; EEKM (1888–1895) III, 440–444; Bruppacher (1953), 48–50; PPMEDW (2014ff) I/2[1], 254 ** FORNAÇON, Siegfried: Zu Paul Gerhardt's Liedern, JLH 4

[1] Korth, Hans-Otto/ Miersemann, Wolfgang (Hg.), Johann Crüger. Praxis Pietatis Melica. Edition und Dokumentation der Werkgeschichte [PPMEDW] Bd. I, Teil 1: Praxis Pietatis Melica Editio X. Berlin 1661. Text. Halle/Saale 2014, Bd. I, Teil 2 Apparat, Halle/Saale 2015.

(**1958/59**) 119–121 (bes. 119) * NICOLAISEN, Lisbet Juul: Die melodische Vorlage, JLH 13 (**1968**) 156–160 * SCHÖNBORN, Hans-Bernhard: Paul Gerhardt und seine Lieder in der Tradition des „locus amoenus", JLH 21 (**1977**) 155–161 (bes. 157) * SCHÖNBORN, Hans-Bernhard: Lieder Paul Gerhardts in den heute gebräuchlichen Gesangbüchern, JLH 24 (**1980**) 113–123 * KLEEMANN, Jürg: Sollt ich meinem Gott nicht singen, in: Horst Nitschke (Hg.), Aus dem Gesangbuch gepredigt: Predigten. Meditationen. Gottesdienste, Gütersloh **1981**, 56–59 * KADELBACH, Ada: Paul Gerhardt im Blauen Engel. Ein rätselhaftes Kirchenliedzitat in Heinrich Manns „Professor Unrat", Heinrich Mann Jahrbuch 14/**1996**, 87–112 (auch in: Ada Kadelbach: Paul Gerhardt im Blauen Engel und andere Beiträge zur interdisziplinären Kirchenlied- und Gesangbuchforschung, Tübingen 2017, 373–389) * LÄHNEMANN, Johannes: Liedpredigten, Nürnberg **1996**, 58–66 * HOFMANN, Helmut: „Sollt ich meinem Gott nicht singen?", in: Friedrich Wintzer/ Henning Schröer (Hg.), Lebendiger Glaube. Liedpredigten zu neuen und alten Liedern, Göttingen **1997**, 99–107 * BUNNERS **2006**, bes. 233f.279 * DEICHGRÄBER, Reinhard: Nichts nimmt mir meinen Mut. Paul Gerhardt als Meister christlicher Lebenskunst, Göttingen **2006**, 148–155 * MUNTANJOHL, Felizitas: Sollt ich meinem Gott nicht singen. Liedpredigt, in: Dies./ Michael Heymel, Auf, auf mein Herz, mit Freuden. Gottesdienste, Gemeindearbeit und Seelsorge mit Liedern von Paul Gerhardt, Gütersloh **2006**, 149–154 * FINKE, Christian: Paul Gerhardt vertont. Eine unvollständige Übersicht über mehrstimmige Fassungen und Kanons seiner Lieder, in: Winfried Böttler (Hg.): Paul Gerhardt in Kirche, Kultur und Lebensalltag. Beispiele für die Praxis, Berlin **2007**, 157–171 (bes. 169) * PAULI, Frank: Sollt ich meinem Gott nicht singen, in: Matthias Loerbroks (Hg.), Ein Jahr mit Paul Gerhardt. 30 Liedpredigten, Stuttgart **2007**, 123–131 * HANDSCHIN, Esther: Paul Gerhardt und Charles Wesley – einige ihrer Lieder im Vergleich, IAHB 35/36 (**2007/2008**) 329–359, bes. 338–343 * SLENCZKA, Notger: Paul Gerhardt, „Sollt ich meinem Gott nicht singen …?", in: Albrecht Beutel/ Winfried Böttler (Hg.), „Unverzagt und ohne Grauen". Paul Gerhardt, der ‚andere' Luther, Berlin **2008**, 137–141 * KADELBACH, Ada: Wer irrt Tony Buddenbrook oder der Kommentator? Vom Nutzen der Hymnologie für die Literaturwissenschaft, IAHB Bulletin 37 (**2009**) 165–184, bes. 170–173 * BRESGOTT, Martin: Sollt ich meinem Gott nicht singen. EG 325, in: Arnold/ Bresgott **2011**, 49–52 * MARTI, Andreas: Sollt ich meinem Gott nicht singen, MGD 66 (**2012**) 179–182

Mit einer zweifachen rhetorischen Frage beginnt Paul Gerhardt den *Text* dieses Lob- und Dankliedes. *Sollt ich meinem Gott nicht singen? Sollt ich ihm nicht dankbar sein?* Die erste Frage beantwortet sich von selbst, sobald die zweite geklärt ist. *Dankbar* – wofür? Mit der Stollenwiederholung setzt dazu bereits eine Reihe von Antworten ein. Die folgenden Strophen konkretisieren und vertiefen sie in verschiedenen Blickrichtungen. Ursprünglich zählte das Lied zwölf Strophen. Nach Str. 7 sind im EG zwei Originalstrophen entfallen.

Anfangs- und Schlussstrophe bilden den Rahmen. Alle Strophen bis auf die letzte münden in denselben Refrain: *Alles Ding währt seine Zeit,/ Gottes Lieb in Ewigkeit.* Dieser basiert biblisch auf Sirach 14,20: *Alles vergängliche Werk muss ein Ende nehmen*, auf Prediger 3,1: *Ein jegliches hat seine Zeit* und auf Psalm 119,96: *Ich habe gesehen, dass alles ein Ende hat, aber dein Gebot bleibt bestehen.* Die Schlussstrophe variiert und aktiviert diesen Bekenntnis-Refrain zum Lebensziel des singenden Menschen: … *bis ich dich nach dieser Zeit / lob und lieb in Ewigkeit.* Die Liebe Gottes behält im Refrain das letzte Wort und erhält schließlich ihre Antwort im Loben und Lieben des Singenden.

Nach der Eröffnung begründet eine erste Strophen-Trias (Str. 2–4) das Lob mit dem dreieinigen Wesen Gottes: Strophe 2 dankt Gott, dem Schöpfer und Erhalter des Lebens; Strophe 3 dankt Gott für die Hingabe seines Sohnes *für mich,* die seine unergründliche Liebe aufscheinen lässt, Strophe 4 preist Gottes Heiligen Geist als *edlen Führer, Regierer* und *Glaubenslicht* auf dem Weg *durch die Welt,* den *Tod* und *die Hölle* zur *Ewigkeit Gottes.* Diese Trias also liefert die Basis für alles übrige Loben und Lieben im Lied.

Von hier aus kommt nun in der folgenden Strophen-Trias (5–7) ein Leben unter Gottes liebevoller Fürsorge und Gnade in den Blick. Ob es uns wohl ergeht oder ob wir in Not geraten, unsere Kräfte werden dafür in beiden Fällen nicht ausreichen (Str. 5). Aber wir dürfen von Gott starke Hilfe erwarten: Unversehens *kommt mein Gott und hebt mir an / sein Vermögen beizulegen.* Diese Erwartung wird in der folgenden Strophe 6 noch überboten: Die ganze Schöpfung – *Himmel, Erd und ihre Heere* – soll unserm Wohlergehen dienen: *Tier und Kräuter und Getreide.* Und das auch noch im Schlaf (Str. 7)![2] Ob aktiv oder passiv, bewusst oder unbewusst: Immer waren, sind und bleiben wir auf Gottes umsichtiges Geleit angewiesen – sonst wären wir nicht *aus so mancher Angst genesen.*

Hiernach finden sich original zwei Strophen, die mit der jetzigen Strophe 8 eine weitere Trias bilden. Sie wurden aber nicht ins EG aufgenommen:

8. *Wie so manche schwere Plage*
wird vom Satan umgeführt,
die mich doch mein Lebetage
niemals noch bisher gerührt.
Gottes Engel, den er sendet,
hat das Böse, was der Feind
anzurichten hat gemeint,
in die Ferne weggewendet.
Alles Ding währt seine Zeit,
Gottes Lieb in Ewigkeit.

9. *Wie ein Vater seinem Kinde*
sein Herz niemals ganz entzeucht,
ob es gleich bisweilen Sünde
tut und aus den Bahnen weicht,
also hält auch mein Verbrechen
mir mein frommer Gott zugut,
will mein Fehlen mit der Rut
und nicht mit dem Schwerte rächen.
Alles Ding währt seine Zeit,
Gottes Lieb in Ewigkeit.[3]

[2] Dahinter steht z. B. Ps 127,22.

[3] Hier zitiert nach: Paul Gerhardt, Wach auf, mein Herz, und singe. Gesamtausgabe seiner Lieder und Gedichte, hg. v. Eberhard v. Cranach-Sichart, Wuppertal/Kassel, 2. Aufl. 1991, 167f.

Die Originalstrophe 8 entfiel schon im EKG. Wie der Satan Plagen „umführt“, ist für uns sprachlich ebenso schwer vorzustellen wie eine (an-) „rührende“ Plage. Die Strophe scheint entbehrlich, denn Entsprechendes ist in den Strophen 5 und 7 schon gesagt. Originalstrophe 9 entfiel dann auch im EG. Die *Rute* als mildernder Prügel-Ersatz für das *Schwert*[4] erscheint uns heute als Bild für Gottes strafendes Handeln ebenso problematisch wie die Zuspitzung von Sünde generell zu einem *Verbrechen.*[5] Wieso hält mir Gott dieses Verbrechen dann doch *zugut,* wenn es um Gnade „ohn all mein Verdienst und Würdigkeit“ (M. Luther, Kl. Katechismus, Erklärung des ersten Artikels) geht? In dieser Strophe sind Sprache und Bilder nicht mehr adäquat für die gemeinte Sache. Insofern scheint die Streichung gerechtfertigt.

Die Sünde kommt immerhin noch in der jetzigen Strophe 8 (orig. 10) zur Sprache. Aber auch hier erheben sich kritische Rückfragen. Ist es theologisch legitim und Zeitgenossen zu vermitteln, Schicksals-*Schläge* generell als *Strafen* Gottes zu deklarieren, als *Zeichen, dass mein Freund,/ der mich liebet, mein gedenke*? Für die Erkenntnis, dass Gott uns auch im Leiden nahe ist, muss eine Kreuzestheologie - *wenn ich's recht erwäge* - doch wohl tiefer ansetzen. Als Platzhalter dürfte die Strophe jedoch weiterhin vonnöten sein, damit unser Gotteslob auch als *canticum crucis* (M. Luther, Leipziger Disputation 1519) präsent bleibt.

Strophe 9 (orig. 11) erinnert, dass Leiden als *Christenkreuz,* Gott sei Dank, immer begrenzt ist, *seine Maße hat.* Dahinter steht der Apostel Paulus: *Gott ist treu, der euch nicht versuchen lässt über eure Kraft, sondern macht, dass die Versuchung so ein Ende nimmt, dass ihr's ertragen könnt* (1. Kor 10,13). Paulus redet von *nur menschlicher Versuchung* (ebd.). Gerhardt wählt indes ein Bild vom Jahreszeitenwechsel: *Wenn der Winter ausgeschneiet,/ tritt der schöne Sommer ein.* Sommeranfang hat seit Johann Walter und auch bei Paul Gerhardt (vgl. EG 503) immer wieder als Symbol für den Anbruch der Endzeit gedient. Hier wendet es Gerhardt - gleichsam im Vorgriff auf die Ewigkeit - persönlich-diesseitig auf den einzelnen Menschen und seine akuten Nöte an, doch ohne dass dabei die Ewigkeit *nach der Pein* ausgeblendet wäre. Auch diese Strophe mündet in den Refrain: *Alles Ding währt seine Zeit,/ Gottes Lieb in Ewigkeit.*

Dieser Ausblick wird noch weiter entfaltet (und variiert) in der Schlussstrophe 10 (orig. 12), nunmehr in Form eines Gebets. Lobpreisend wird Gott als unendlich Liebender um unsere Teilhabe an dieser Liebe gebeten - jetzt und für alle Zeit. Hier wird die Sprache intensiviert durch die Sprache des Hohenliedes: *bitte, wollst mir Gnade geben,/ dich aus aller meiner Macht / zu umfangen Tag und Nacht / hier in meinem ganzen Leben,/ bis ich dich nach dieser Zeit / lob und lieb in Ewigkeit.* Im abgewandelten Refrain wird vollends deutlich, worum es Gerhardt in seinen Lobliedern geht: um den unlöslichen Zusammenhang von Loben und Lieben.[6]

[4] Vgl. ähnlich EG 134,3 ... *denn des Vaters liebe Rut / ist uns allewege gut.*
[5] Vgl. ähnlich EG 368,5 ... *er wird auf solch Verbrechen / nicht stracks das Urteil sprechen.*
[6] Vgl. auch EG 123,11 (Philipp Friedrich Hiller) und 398,2 (Cyriakus Schneegass).

Blicken wir noch einmal auf das Ganze zurück, so ergibt sich für dieses Lob- und Danklied folgende inhaltliche Struktur: Es gliedert sich in viermal drei Strophen; a) Str. 1 und 9–10 bilden den Rahmen, b) Str. 2–4 geben die biblisch-trinitarische Begründung des Gotteslobs, c) Str. 5–7 preisen die Behütung und Stärkung in unserm Leben, d) die Originalstrophen 8–9 sowie, als ursprünglich zehnte, die heutige Str. 8 danken für Gottes Gnade und Liebe trotz unsrer Sünde und Gottvergessenheit. Von Anfang bis Ende bestimmt der Gegensatz von Vergänglichkeit und Ewigkeit das singende Lob – *Alles Ding währt seine Zeit,/ Gottes Lieb in Ewigkeit.*

Wie Paul Gerhardts Dichtung gleich zu Beginn klarstellt, will sie gesungen werden. Da überrascht es fast, dass der Kantor Johann Crüger ihr in seiner Ausgabe von 1653 keine eigene Melodie mitgab, sondern nur den Verweis auf eine andere aus seiner Feder. Mit ihr hat er auch ein Osterlied des Altonaer Dichterpfarrers Johann Rist vertont, das bereits seit 12 Jahren eine schöne Melodie hatte. Der Originaltext begann mit *Lasset uns den Herren preisen, o ihr Christen überall* und findet sich in Rists „Himlischen Liedern" von 1641. Der über Hamburg hinaus hochangesehene Hamburger Ratsmusiker Johann Schop (1590 - 1667) hatte die heute zu *Lasset uns mit Jesus ziehen* (EG 384) gebräuchliche Melodie komponiert. Crügers Melodie konnte sich weder zu Rists noch zu Gerhardts Text gegen die von Schop durchsetzen. Diese begegnet mit unserem Gerhardt-Text anscheinend erstmals in der Gothaer *Psalmodia Sacra* von 1715 (DKL 1715^{09}) – allerdings in einer stark umgebildeten geradtaktigen Fassung (Z IV,7886b). Sie bewegt sich zwar in der alten Kirchentonart Dorisch, aber als Sololied zugleich im Gewand barocker Dur-Moll-Harmonik. Im Original steht sie einen Ganzton höher. Sie hat den Tonumfang einer Dezime (*c'–es"*, original sogar einer Undezime, s. u.). Es handelt sich hier um anspruchsvollen Hausgesang, Gemeinden am Sonntagmorgen haben damit oft Mühe. Aber wer wollte deshalb auf diese großartige Melodie in Gesangbuch und Gottesdienst verzichten? Zumal sie unserm Lied von Anfang zugedacht war![7] Rists Dichtung war allerdings ein Osterlied. *Christus Jesus ist erstanden*, so proklamierte schon seine erste Strophe. Und Schop proklamiert es anfangs auf seine Weise, mit kühnen Intervallsprüngen aufwärts: Quinte und Quarte erreichen vom Grundton in der ersten Zeile kadenzierend die obere Oktave,[8] die Melodie schwingt sich danach zum Spitzenton es" (original *f"*) auf, um dann bis zum Stollenschluss, harmonisch modulierend und entspannend, auf der Dominante (kirchentonartlich „Reperkussionston") einen Zwischenhalt einzulegen. Der Abgesang setzt die tonale Wanderung zunächst fort: Es bildet sich ein neuer

[7] Nur zwölf Jahre nach Erscheinen der „Himlischen Lieder" von Rist mit der Melodie von Schop.

[8] Im Urtext begann die Melodie übrigens nicht mit zwei repetierenden Vierteln, sondern mit Achteln, was indes nur dem Originaltext (*Lasset*) angemessen erscheint. Ganz ähnlich gestaltet Schop den Anfang von Rists *Werde munter, mein Gemüte* (EG 475), s. o. Mahrenholz, Generalbasschoräle, Nr. 64.

Schwerpunkt auf *f'* (original *g'*), der in der nächsten Zeile noch einmal bekräftigt wird. Die letzten drei Zeilen bauen eine weiträumige Schlusssteigerung auf – vom Grundton stufenweise zur Dominante, in einem erneuten Anlauf zum Leitton *h'* (original *cis"*) – und endet auf der oberen Oktave des Grundtons geradezu triumphal. Im Original steht hinter dem Leitton (anders als im EG) keine Pause, die Spannung wird durchgehalten. Original klettert die letzte Melodiezeile bis zum hohen *g"* (im EG = *f"*), was einer Sonntagmorgen-Gemeinde heute erst recht unerreichbar sein würde! Das entsprach ursprünglich dem Osterjubel bei Rist – *Christus Jesus ist erstanden,/ nun ist hin der lange Streit./ Freue dich, o Christenheit!* Und der klingt doch immer mit, wenn wir singen:

Alles Ding währt seine Zeit,/ Gottes Lieb in Ewigkeit.

JOACHIM STALMANN

334 Danke für diesen guten Morgen

RG 579

Text

Verfasser Martin Gotthard Schneider **Entstehung** 1961, Wettbewerb der Evangelischen Akademie Tutzing **Vorlage** Michel Quoist, Herr, da bin ich. Gebete, Graz [18]1960, 70 **Quelle** *DANKE. Neue geistliche Lieder aus dem 1. Wettbewerb der Evang. Akademie Tutzing,* Regensburg 1963 **Überschrift** *1. Danke (1. Preis)* **Strophenbau** 9/4a- 8/4b 9/4a- 5/3b **Verbindung TM** wie EG

Melodie

Incipit 1__1__𝄾 11_.1 2__2__3__3__ **Verfasser** Martin Gotthard Schneider **Entstehung/ Quelle** s. o. Text **Ambitus** G: 7; Z: 347 **Abweichungen** Q: Quarte tiefer; Z. 1 + 2 + 3 N. 3–5 drei Achtelnoten, in Z. 1 mit ossia im Kleinstich rhythmisiert wie im EG; Z. 3 letzte N. unter Kasten 1: Halbe mit Halbepause und Wiederholungszeichen für Str. 1–5, Kasten 2 für Str. 6 wie EG; es folgt die Anweisung, die folgenden Str. jeweils einen Halbton höher anzustimmen (mit Angabe der Akkordfolgen für Gitarre), darauf ist auch die Tonhöhe in Kasten 2 abgestimmt * RG: in allen 3 Zeilen statt punktierter Achtel(pause) mit Sechzehnteln jeweils Achtelpause mit 3 Achteln **Verbindung MT** wie EG; unzählige Kontrafakturen, oft ungedruckt

Literatur

HEG II, 279f ** ThustB, 294–296 (Neufassung Ingelheim 2016, 273f); ThustL II, 130–133 ** Meyer ([2]1997), 246–248; MöllerQ (2000) 300f; RößlerL ([2]2001) 985 ** SCHNEIDER, Gotthard Martin: Warum ich solche Lieder schreibe, in: Günter Hegele (Hg.): Warum neue religiöse Lieder? Eine Dokumentation, Regensburg **1964**, 53–57 * THUST, Karl Christian: Das Kirchen-Lied der Gegenwart. Kritische Bestandsaufnahme, Würdigung und Situationsbestimmung, Göttingen **1976**, 555–566, 771f * HERMANN, Martin: Danke (Neue Lieder II, Württemberg, Nr. 710), WüBll 57 (**1990**) 10–11 * MARTI, Kurt: Fromme Schnulze (1964), wiederveröffentlicht in: NSK 1/**1993**, 23 * MEYER, Frank: „Herr, deine Lieder sind wie Schmalz und Honig“? Eine kritische Analyse besonders erfolgreicher Neuer Geistlicher Lieder, in: Lothar Käser (Hg.), Wort und Klang. Festschrift für Martin Gotthard Schneider zum 65. Geburtstag, Bonn **1995**, 133–187, bes. 137–141 * SCHMOLL, Gerd: Danke für diesen guten Morgen, in: Möller **1997**, 180–183 * RABENAU, Merten: Danke für diesen guten Morgen, in: Bengt Seeberg (Hg.): Singen und Sagen. Eine Sammlung von Predigten aus der Evangelischen Kirche von Kurhessen-Waldeck über die Lieder des Evangelischen Gesangbuches, Kassel **2000**, 173–176 * MUNDRY, Johannes: Vierzig Jahre „Danke“, MuK 71, **2001**/5, 35f * BUBMANN, Peter: „Danke“ und der Umbruch im kirchlichen Singen seit den 1960er Jahren, in: ders., Musik – Religion – Kirche. Studien zur Musik aus theologischer Perspektive, Leipzig **2009**, 133–150 * DERS.: Wie alles begann. Zum 50. Geburtstag des „Danke“-Liedes, MuK 81 (**2011**) 8–13 * DERS.: Danke für dieses Danke – Die Karriere eines umstrittenen Schlagers, in: Ders./ Konrad Klek (Hg.): Davon ich singen und sagen will. Die Evangelischen und ihre Lieder, Leipzig **2012**, 211–214 * DÖRING, Jörg: „Danke für diesen guten Morgen". Zur Rhetorik von Katalog und *enumeratio* im neuen geistlichen Lied. In: Natalie Binczek/ Remigius Bunia/ Till Dembeck/ Alexander Zons (Hg.): Dank sagen. Politik, Semantik und Poetik der Verbindlichkeit, München **2014**, 141–156

Es gibt nicht viele Lieder, die eine Epochenzäsur des geistlichen Liedes markieren – Schneiders *Danke* symbolisiert wie kein anderes den Beginn des Neuen Geistlichen Liedes im 20. Jh.

Seit Januar 1959 gab Günter Hegele (*1929), damals Studienleiter an der Evangelischen Akademie in Tutzing am Starnberger See, die kleine Zeitschrift „Der Plattenteller" heraus, in der aktuelle Schlagertexte theologisch-kritisch kommentiert wurden.[1] Bei einer Abonnententagung dieses Blattes im selben Jahr wurde auf Hegeles Initiative hin beschlossen, einen Wettbewerb für neue geistliche Lieder auszuschreiben, der von der Tutzinger Akademie 1961 durchgeführt wurde. Aus den über zweitausend Einsendungen[2] wurde dem *Danke*-Lied Martin Gotthard Schneiders der erste Preis zuerkannt – das Preisgeld betrug 1000 DM.

1962 entstanden Platteneinspielungen, die Single des Botho-Lucas-Chores im Schlagersound der 1960er-Jahre[3] brachte es zu sechsstelligen Verkaufszahlen und verhalf dem Lied in kürzester Zeit zu enormer Popularität. In den Wunschkonzerten der Radiosender lief die Aufnahme in diesen Jahren regelmäßig. Thust resümiert später, das *Danke*-Lied habe wie ein Blitz eingeschlagen.[4] 1963 stand die Aufnahme des Botho-Lucas-Chores für sechs Wochen unter den ersten Zehn der deutschen Hitparade. Einen weiteren Durchbruch gab es im selben Jahr, als der deutsche Schlagersänger Ralf Bendix (1924–2014) das Lied auf dem Dortmunder Kirchentag in einem Konzert vor 16000 Zuhörern sang. Gleichzeitig kam das Lied mit sieben weiteren Tutzinger Wettbewerbsliedern im Bosse-Verlag heraus.[5] Im Nachwort der Veröffentlichung steht der bemerkenswerte Satz „Es soll niemand durch diese Lieder geködert werden, es noch einmal mit der Kirche zu versuchen. Es geht den Autoren darum, mit den musikalischen Stilelementen ihrer Zeit christlichen Glauben auszudrücken."[6]

[1] Zur Programmatik vgl. www.faz.net/aktuell/gesellschaft/menschen/der-pop-theologe-guenter-hegele-duerfen-christen-twisten-12880490-p2.html.

[2] Vgl. Günter Hegele, Neue Lieder durch Preisausschreiben? Viermal Tutzing und die Folgen, in: Arnim Juhre (Hg.), Singen um gehört zu werden. Lieder der Gemeinde als Mittel der Verkündigung. Ein Werkbuch, Wuppertal 1976, 25.

[3] Die Schallplatte (Electrola, Köln, Nr. E 22073) mit dem Titel „Danke. 1. Preis des Preisausschreibens der Evangelischen Akademie Tutzing" enthielt außer *Danke* auf der Rückseite „Antwort auf alle Fragen". Der 1961 aus dem Lucas-Quartett hervorgegangene Botho-Lucas-Chor war ein in Rundfunk, Film und Fernsehen bis in die späten 1970er-Jahre sehr erfolgreiches Ensemble, das nicht zuletzt durch die Danke-Schallplatte bekannt wurde.

[4] Thust 1976, 557.

[5] DANKE. Neue geistliche Lieder aus dem 1. Wettbewerb der Evang. Akademie Tutzing …, Regensburg 1963.

[6] AaO., 16.

Im Zuge all dessen entbrannte eine breite, scharfe Diskussion um das Für und Wider neuer Lieder generell. Den einen wurde *Danke* zum Symbol des Niedergangs und Projektionsfläche kirchenmusikalischer Untergangsängste, andere sahen mit Erleichterung die wirksame Relativierung elitärer Hochkultur in der Kirche. Die Äußerungen zum Lied und die Literatur, die es auslöste, sind unübersehbar.[7] Erst in der letzten Sitzung des zentralen Gesangbuchausschusses wurde *Danke* in den Stammteil des EG aufgenommen.

Es existieren Übersetzungen in über 25 Sprachen.[8] Vor allem zu Kasualien entstehen immer wieder neue Strophen von unterschiedlicher Qualität.[9]

„Meine Lieder erheben ... nicht den Anspruch, neue Kirchenlieder zu sein“[10], meint Schneider zurückhaltend, der zur Zeit der Entstehung des Liedes Religionslehrer in Freiburg i. Br. war.[11] *Danke* ist ursprünglich auch nicht für den Gottesdienst gedacht. Schneider sieht in ihm ein Werktagslied für Jugendgruppen, für Freizeiten und nicht zuletzt für den Religionsunterricht, wo es bis heute mit Begeisterung gesungen wird. In den Jahren der liturgischen Restauration fordert Schneider ein geistliches Lied, „das eine zeitgemäße Sprache spricht, die von jedem verstanden werden kann.“[12] Und „... vielleicht sollten wir auch in dieser Frage die Vielfalt der Möglichkeiten, in der Gottes Geist wirken kann und will, ernster nehmen.“[13]

Mit der Welt des Alltags bringt *Danke* ein zentrales Element der Popkultur ins kirchliche Bewusstsein.[14] Schneider: „So habe ich z. B. in ‚Danke‘ Dinge des täglichen Lebens aufgezählt, für die es Gott zu danken gilt. ... Das Alltägliche, was uns bewegt und uns zufällt, sollte von einer anderen Wirklichkeit her gesehen und beurteilt werden.“[15] Dankbarkeit ist die Grundhaltung, die an neutestamentliche Grundsätze anschließt: *Seid dankbar in allen Dingen, denn das ist der Wille Gottes in Christus Jesus an euch* (1. Thess 5,18; vgl. 2,13), oder *Sagt Dank Gott, dem Vater, allezeit für alles, im Namen unseres Herrn Jesus Christus* (Eph 5,20). Dankbarkeit im Kleinen und für das scheinbar Banale führt in eine Haltung, die heute gern „Achtsamkeit“ genannt wird.[16] So kann der

[7] Zusammenfassung bei Thust 1976, 558–563; vgl. ThustB, 294–296.

[8] In „Thuma Mina“ und „Colours of Grace“ ist *Danke* allerdings nicht enthalten.

[9] Wer über EG 334 hinausgehende Strophen veröffentlichen will, muss diese dem Bosse-Verlag Regensburg vorlegen, der sich seinerseits mit der Familie Martin Gotthard Schneiders ins Benehmen setzt.

[10] Schneider 1964, 54.

[11] Lothar Käser, Zur Person. Eine Einleitung. In: Lothar Käser (Hg.), Wort und Klang. FS für Martin Gotthard Schneider zum 65. Geburtstag, Bonn 1995, 6.

[12] Schneider 1964, 53.

[13] AaO., 55.

[14] Der berühmte Aufsatz „Gottesdienst im Alltag der Welt. Zu Römer 12“ des Tübinger Neutestamentlers Ernst Käsemann erschien erstmals 1960 in der Festschrift für Joachim Jeremias, Beihefte zur ZNW 26, 1960, 165–171 und wurde einem größeren Kreis bekannt in Band 2 der Aufsatzsammlung „Exegetische Versuche und Besinnungen“: Ernst Käsemann, Exegetische Versuche und Besinnungen, Göttingen [3]1970, 198 II–204 II.

[15] Schneider, aaO., 55.

[16] Vgl. z. B. Jon Kabat-Zinn, Im Alltag Ruhe finden. Meditationen für ein gelassenes Leben, München 2010.

überaus populäre, viel geschmähte, häufig oberflächlich geträllerte Song doch zu einem „Dankritual“[17] werden.

Nicht als unmittelbare poetische Vorlage, aber doch als direkte Anregung[18] ist ein Gebet des französischen Arbeiterpriesters Michel Quoist (1921–1997) anzusprechen, das 1959 erstmals in einer deutschen Ausgabe erschien. Im Vorspruch zu diesem Gebet heißt es:

„Alles ist Gottes Gabe, selbst die kleinsten Dinge, und die Gesamtheit dieser Geschenke macht ein Leben schön oder düster, je nach der Art, in der man sie gebraucht.“[19] In dem langen und mit alltäglichen „Kleinigkeiten“ überaus konkret formulierten Gebet heißt es u. a.:

> „Danke, Herr, Danke! Dank für alle Geschenke, die Du mir heute angeboten hast, Dank für alles, was ich gesehen, gehört und empfangen habe.
> Danke für das Wasser, das mich wachgemacht hat, für die Seife, die so gut riecht, …
> Danke für meine Arbeit, mein Werkzeug, meine Kräfte. …
> Dank für Jakob, der mir seine Feile geliehen hat, für Fritz, der mir eine Zigarette geschenkt hat, für Karl, der mir die Tür aufgehalten hat. …
> Dank für den Buben, dem ich zusah, wie er auf dem Gehsteig gegenüber spielte. …
> Dank für die friedliche Nacht. Dank für die Sterne. Dank für das Schweigen. Dank für die Zeit, die Du mir geschenkt hast. Dank für das Leben. Dank für die Gnade. Dank für das Dasein, Herr.
> Dank, daß Du mich hörst, daß Du mich ernst nimmst, daß Du mit Deinen Händen in Empfang nimmst die Garbe meiner Geschenke, um sie Deinem Vater darzubringen. Dank, Herr. Danke.“[20]

Schneider formt daraus ein Danklied, das die Singenden in den sechs Strophen Schritte gehen lässt, die einen Weg der Dankbarkeit andeuten:

1. Der Blick der Dankbarkeit richtet sich zunächst auf Kleinigkeiten zu Beginn des Tages: den *guten Morgen*, *alle guten Freunde*, die *Arbeitsstelle*, die *Traurigkeiten*, das Verständnis von Gottes *Wort*, auf Gottes grenzenlose Zuwendung.
2. Der Blick geht weiter: auf den Dank *für jedermann*, für *jedes kleine Glück*, *für jedes gute Wort*, für Gottes *Geist*, und *ich halte mich* schließlich an Gottes grenzenlose Zuwendung.
3. Der Blick wird schließlich auf den Adressaten des Dankes gerichtet, von dem alles kommt, d. h. darauf, alle *Sorgen* auf Gott zu *werfen* (1. Petr 5,7; Ps 55,23), *dem größten Feind* zu *verzeihen* (vgl. Mt 5,44; Lk 6,27.35) und damit ein wesentliches Gebot Gottes zu befolgen, auf das *Frohe* („Frohbotschaft“), *Helle* („Licht der Welt“) und *die Musik* als Gaben Gottes, ohne dass der Urheber hier ausdrücklich, im Ganzen des Liedes dann aber doch klar genannt wird, auf Gottes überall leitende *Hand* (vgl. Ps 139,10), auf Gottes umfassende Liebe und schließlich auf den Dank für die Möglichkeit, danken zu können.

17 Peter Bubmann 2012, 212.
18 Martin Gotthard Schneider in: Meyer, ²1997, 246; vgl. Bubmann 2011, 8.
19 Michel Quoist, Herr, da bin ich. Gebete, Graz ¹⁸1960, 70.
20 Michel Quoist, Herr, da bin ich. Gebete, Graz ¹⁸1960, 70–72, hier in Auszügen zitiert.

Die gemischt unter allen Konkretionen stehenden Allgemeinheiten (Helles, Frohes, manche Traurigkeiten, grenzenloses Heil) ermöglicht vielen Menschen, „ihre Nöte und Schwierigkeiten" in dieses Lied hineinzulegen,[21] ihre eigenen Konkretionen in die Assoziationsräume, die das Lied eröffnet, einzutragen.

Die 1. Strophe ist ein Morgengebet, vgl. EG 443,1.2; 444,3; 445,2; 451,1. Dass *ich meine Sorgen* auf Gott werfen „kann", hätte sich nicht auf *Tag* gereimt, so aber unterliegt der Strophenschluss mit *mag* einem gewissen Reimzwang, der nun suggeriert, als sei der Dank stimmungsabhängig: „Mal mag ich, mal nicht."[22]

Die 2. Strophe richtet den Blick auf gute Freunde, die nach Luthers Kleinem Katechismus zum täglich Brot gehören (vgl. Sir 6,14–17),[23] und hebt auf das Gebot der Feindesliebe ab (Mt 5,44), im Gewand des Dankes eine gewisse Doppelbotschaft, denn als Dank wird ausgesprochen, was auch eine Aufforderung enthält. Es heißt nicht: *Danke*, dass *ich dem Feind verzeihen kann …*, sondern *Danke, wenn …* Die Formulierung will den gespürten Anspruch niedriger halten, doch liegt darin auch eine gewisse Pädagogisierung – der Religionslehrer spricht.

Die *Arbeitsstelle* in der 3. Strophe klang zu Beginn der 1960er-Jahre, d. h. in den wenigen Jahren der Vollbeschäftigung in Deutschland, als sogenannte Gastarbeiter angeworben wurden, unproblematisch. Michel Quoists Dank für „meine Arbeit" klingt demgegenüber offener und hängt nicht daran, eine Stelle zu haben.

Die 4. Strophe kreist in offenen Formulierungen verschiedene emotionale Befindlichkeiten ein und befiehlt die Singenden implizit der Führung Gottes, vgl. *Befiehl du deine Wege* (EG 361). Für *Traurigkeiten* danken zu können, setzt allerdings bereits eine gewisse Trauerarbeit und eine Nachdenklichkeit voraus, in die der schlichte Schlager mit seiner Leichtigkeit eher nicht hineinhilft. Allerdings fängt *jedes gute Wort manche Traurigkeit* wieder auf. Dass *Gottes Hand mich leiten will* hat vielfache biblische Bezüge (2. Mose 13,3; Ps 23,3–4; 136,12; Hos 11,3).

Die 5. Strophe spricht den Dank für die „Medien der Gottesoffenbarung"[24] aus. In den Gemeinden wurde um 1961, angestoßen durch Rudolf Bultmanns Entmythologisierungsprogramm noch intensiv um das Verständnis der Bibel, *dein Wort*, gerungen, ja gekämpft, zu dem aber, so die Aussage des Liedes im Subtext, Gottes *Geist* hinzutreten muss. … *dass ich dein Wort verstehe* ist wohl weniger im anspruchsvoll theologischen Sinn als vielmehr dem Duktus des Liedes entsprechend als Dank gemeint, der Bibel etwas Nützliches für den Alltag entnehmen zu können. Unverbunden damit und pauschal wird dazu Gottes Liebe genannt, die denen *in der Fern und Nähe* gilt (vgl. Jes 57,19; Eph 2,17).

[21] Vgl. Bubmann 2009, 142.

[22] Kurt Marti, Fromme Schnulze, zit. n. NSK 1/93, 23; vgl. … *ich mag allein nicht gehen*, EG 376,1.

[23] BSELK 514,9; vgl. Hermann 1990, 10.

[24] Bubmann 2009, 143.

In der 6. Strophe fallen alle Grenzen, Gottes Macht und heilsamer Einfluss gilt allen (Lk 2,10; Tit 2,11), allerorten und zu allen Zeiten, den biblischen, den gegenwärtigen wie den künftigen, ein „Widerspruch gegen die Welt der Abgrenzungen“[25], und formuliert bekenntnishaft *ich halt mich fest daran.* Mit der gottgegebenen Möglichkeit des Dankenkönnens (Ps 92,5) rundet Schneider sein Lied ab.

Jede Strophe postiert das *Danke* dreimal mit beiden Silben in gleichen Vierteln auf dem Grundton mit nachfolgender Pause, die wie ein Komma wirkt. Ein rhythmisch zunächst markantes Motiv wird in allen Melodiezeilen in die Terz, in die Unterquart und in verlängerter Phrase mit einem Melodiehöhepunkt wieder zum Grundton zurückgeführt. Das im EG für alle Strophen in G-Dur notierte Lied beginnt ursprünglich in D-Dur und steigt Strophe für Strophe einen Halbton höher, um erst mit der sechsten in G-Dur zu landen. Beim gleichbleibenden G-Dur des EG können die 18 *Danke* der sechs Strophen die Sinne etwas benebeln. Doch sie sollten nicht gestoßen, sondern locker und leicht gesungen werden. Der originale Klavier-Begleitsatz enthält viele durch Septimen und Nonen angereicherte Akkorde aus dem Jazz, die beim Gang durch die Tonarten einen versierten Pianisten erfordern. In der klassischen Musikästhetik gilt die Aufwärtssequenz als indiskret und emotional aufdringlich, in der Welt des Schlagers und der Popularmusik ist sie absolut üblich.

Parodien konnten nicht ausbleiben. Es gibt Cover-Versionen der Bands „Die Ärzte“[26] und „Toxoplasma“,[27] auch bei Guildo Horn.[28] 1993 bis 2006 wurde „Danke“ an der Berliner Volksbühne zur Erkennungsmelodie von Christoph Marthalers Stück „Murx den Europäer!“, in dem der halbtonweise Anstieg durch eine Endlosschleife in vielen Strophenwiederholungen ins Absurde getrieben wird.

Schneiders musikalischer Vorstellung seines *Danke*-Liedes kommt man jedoch am nächsten da, wo das Lied in Gruppen, Jugendkreisen und im Religionsunterricht mit dem vorhandenen musikalischen Equipment realisiert wird. Die schlichte Melodie, die leicht ist, die Leichtigkeit hat und vermittelt, kann mit diesem Text die Haltung der Dankbarkeit erleichtern und die dankbare Aufmerksamkeit auf Kleinigkeiten des Alltags fördern. Fulbert Steffensky sagt: „Dankbarkeit ist die Hefe jeder Frömmigkeit.“[29]

Bernhard Leube

[25] Hermann 1990, 11.

[26] www.youtube.com/watch?v=rBpZwxRRx3M&list=TL6vlephIv9Wg.

[27] www.youtube.com/watch?v=52aAFc0pesw.

[28] www.youtube.com/watch?v=-kmH8Z9G4eI.

[29] Fulbert Steffensky in einer Bibelarbeit am 5. Juni 2015 beim Evangelischen Kirchentag in Stuttgart.

336 Danket, danket dem Herrn

EG 336ö GL2 406ö RG 93ö CG 331ö

Text

Vorlagen Ps 106,1 **Strophenbau** biblischer Prosatext **Abweichungen** GL2: 1,2 denn er ist *so* freundlich; ohne frz. Übersetzung

Melodie

Incipit 1_1_ 1__1-7-6-7 1__ **Entstehung** entstanden wahrscheinlich im 18. Jh., durch die Jugendbewegung verbreitet **Quellen** (a) mündliche Überlieferung * (b) *Ein neues Lied* (O. Riethmüller), Berlin 1932 **Überschrift** *Psalm 118* [!] *Kanon zu 4 Stimmen* **Ambitus** G: 11; Z: 3b556b(3b556b) **Abweichungen** (b): Ton höher, ¢, Alternativer Text in Zeile 3: *Amen* (N. 1–2). *A-* (N. 3–5) men (N. 6) * GL2: 4/2-Takt bei gleichen Notenwerten und ohne Auftakt * RG, CG: Ganzton höher **Verbindung MT** (b): wie EG * *Ingrazchai a vos Dieu* (RG) * *Kommt herbei, danket dem Herrn* (Kumbaya. Oekumenisches Jugendgesangbuch. Lieder und Texte, Zürich usw. 1980)

Literatur

WGL1 III, 136 ** ThustB 296f (Neufassung Ingelheim 2016, 275); ThustL II, 134

Bei diesem Kanon eines unbekannten Verfassers aus dem 18. Jh. handelt es sich um eine gelungene Verbindung von Text und Melodie. Unter einer fröhlichen Weise werden zentrale Begriffe der Bibel auf engem Raum miteinander verbunden.

Der Text stammt aus Psalm 106,1. Aber auch andere Psalmen haben den gleichen Beginn, etwa Psalm 107,1. Beide Psalmen setzen unterschiedliche Schwerpunkte. Dennoch steht die Aufforderung zu danken dort jeweils an erster Stelle. Auch Psalm 118 und Psalm 136 beginnen auf die gleiche Weise. Ein zentraler Satz der Psalmen also, der im Kanon durch die Wiederholung des Imperativs *Danket* einen besonderen Akzent bekommt.

Der Verfasser hat darüber hinaus ein *sehr* eingefügt und den Begriff *Güte* um das Wort *Wahrheit* ergänzt, ohne allerdings das Prädikat *währet* in *währen* zu ändern. Das ist zwar grammatisch falsch, poetisch aber legitim, denn auf diese Weise verschmelzen *Güte* und *Wahrheit* zu einem gemeinsamen Subjekt. Im französischen Kanontext (in der Unterzeile) heißt es dagegen grammatisch korrekt *durent.* Durch die Nennung dieses Begriffspaares klingen weitere Bibelstellen an, etwa Psalm 25,10: *Die Wege des HERRN sind eitel Güte und Wahrheit denen, die seinen Bund und seine Zeugnisse halten* und Epheser 5,8: *Lebt als Kinder des Lichts; die Frucht des Lichts ist lauter Güte und Wahrheit.* Und in Psalm 85,11 werden Güte und Wahrheit nicht nur aufgezählt, sondern sie begegnen sich (Luther übersetzt hier allerdings mit *Güte und Treue*). Beide bedingen einander, denn: Güte hat ohne Wahrheit keine Substanz, Wahrheit kann ohne Güte schmerzhaft sein.

Die Melodie hat mit fast anderthalb Oktaven einen sehr großen Umfang. Sie beginnt quasi insistierend auf dem doppelten *Danket* mit Tonwiederholungen. Nach dem etwas drängenden Charakter der ersten Zeile öffnet die zweite sich zum Jubel, wenn sie den Grund des Dankens nennt: *Denn er ist sehr freundlich.* Sie bringt außerdem eine zweifache Steigerung im Verhältnis zur ersten Zeile durch die höhere Ausgangslage und durch das Erreichen des höchsten Tons *d"* auf *sehr.* Durch die melodische Geste und das Melisma auf *freundlich* bekommt dieses Wort geradezu einen freundlichen Affekt. Die dritte Zeile beginnt als höchste auf dem Quintton und führt syllabisch abwärts zurück zum Grundton. Die letzte Zeile schwingt über einen gebrochenen Dreiklang in die Tiefe und von da zurück zum Grundton. Die langen Notenwerte am Ende passen gut zu ihrem Text *ewiglich.*

Die kadenzierende Harmoniefolge Tonika – Subdominante – Dominante – Tonika ist schlicht. Sie gewinnt ihren Reiz durch interessante Durchgänge: In die Subdominante mischt sich bei *ist* zunächst eine Sexte und danach bei *und* eine große Septime. In der Dominante begegnet uns bei den Achteln der ersten Zeile ein umspielender Quartvorhalt und bei *freundlich* eine kleine Septime.

Der Kanon ist weit verbreitet. Er steht im Verzeichnis der Lieder und Gesänge der Arbeitsgemeinschaft für Ökumenisches Liedgut (AÖL). Im katholischen „Gotteslob" (GL2) steht als Taktart übrigens 4/2. Das passt gut zum Charakter der Melodie, die man am besten in Halben empfindet. Einen weiteren Unterschied zur EG-Fassung findet man im Text. Im GL2 heißt es: *Denn er ist so freundlich.* Eine französische Textvariante erlaubt die Verwendung bei deutsch-französischen Begegnungen. In der Schweiz ist sogar noch eine Fassung in Vallader in Gebrauch, einem rätoromanischen Idiom, das man im Unterengadin spricht.

Der Verwendung des Kanons sind keine Grenzen gesetzt. Man kann ihn als Danklied im Gottesdienst singen, als Rahmenvers zu anderen Psalm- oder Dankliedern oder als gesungenes Tischgebet, und zwar einstimmig, zweistimmig oder vierstimmig. Sollte man ihn eine Terz höher oder tiefer anstimmen, als er notiert ist, ist er an seinen hohen oder tiefen Stellen kaum noch singbar. Wegen des großen Umfangs ist darum ein sorgfältiges Anstimmen nötig.

THOMAS SCHMIDT

337 Lobet und preiset, ihr Völker, den Herrn

EG 337ö GL2 408ö RG 42ö+ KG 537ö+ CG 838ö+

Text

Verfasser Paul Sturm **Vorlagen** nach Psalm 117,1; 67,4–6; 100,2 **Quelle** *Nun singet und seid froh! B. K.=Lieder*, Barmen 1913 **Strophenbau** 10/4a 10/4a 8/4 **Verbindung TM** wie EG

Melodie

Incipit 5_5_5_ 5_.43_ 4_3_2_ 3__. **Entstehung** vor 1913 **Quelle** s. o. Text **Ambitus** G: 8; Z: 444 **Abweichungen** Q/RG/KG/CG: letzte Note jeder Melodiezeile: Halbenote mit Viertelpause statt punktierte Halbe; Q: ohne Fermaten **Verbindung MT** wie EG * Schule für Frieden und Hoffnung (Katja Baur; Michael Landgraf), Münster 2010: *Praise and thanksgiving let everyone bring* (engl.); *Vouz tous les peuples* [!] *louez le Seigneur* (frz.); *Que todos los pueblos canten al señor* (span.); *Sabbihu laha ya kulla lumam* (arab.); *Povos da terra louvai ao senhor* (portugiesisch); *Pujilah Tuhan hai isi dunia* (indonesisch); *Tschanjang kwa kyonbaeruel dschu kye dolyo* (koreanisch); *Mo ninaye mo nipa enjna* (Ghana)

Literatur

WGL1 III, 135; ThustB, 297 (Neufassung Ingelheim 2016, 275); ThustL II, 134f ** HARZ, Frieder: Mit Kindern singen. Zugänge und Anregungen zu Liedern aus dem Evangelischen Gesangbuch, Nürnberg/Bayreuth **1995**, 98 * MARTI, Andreas: Die Kanons der Kernliederliste, MGD 68 (**2014**) 140–143

Lobet und preiset, ihr Völker, den Herrn ist ein schlichter, dreistimmiger Kanon, der eine große Verbreitung gefunden hat. Es liegen Übersetzungen in mehreren Sprachen vor.

Der Text greift Worte aus den Psalmen auf (in erster Linie Ps 67,4–6 und 117,1, aber auch Psalm 100,2). Inhaltlich prägen ihn vier Imperative: *Lobet! Preiset! Freut euch! Dienet!* Die Schlusszeile wiederholt den Inhalt der ersten Zeile und stellt dabei die Formulierungen kreuzweise um. Der Aufruf zum Loben hat dadurch nicht nur doppeltes Gewicht, sondern wirkt wie ein Rahmen um die mittlere Zeile.

Der Kanon erschien erstmals im Jahr 1913 in „Nun singet und seid froh! B. K.[1]-Lieder. Alte und neue Lieder mit vielen Weisen, hg. v. Paul Sturm, [Wuppertal-] Barmen 1913". Hier steht der Kanon ohne Verfasserangaben als letzte Nummer von 248 Liedern.

[1] BK: Abkürzung für den Bund Deutscher Bibelkreise (BK) e. V., ursprünglich: Bibelkränzchen.

Eine spätere revidierte und auf 570 Lieder erweiterte Ausgabe von 1926 mit dem Titel „BK-Lieder – Ein Jahrtausend deutschen Liedes“, die ebenfalls von Paul Sturm (1890–1946) herausgegeben wurde, enthält den Kanon als Nr. 21 im ersten Abschnitt „Du meine Seele, singe!“ Dort steht „Paul Sturm“ als Verfasserangabe unter dem Text. Als Melodieangabe finden wir: „Vor 1913“. Dass diese Angaben verlässlich sind, erfahren wir im Vorwort: „Überall sind Dichter und Komponist [...] mitgeteilt.“ Ein Exzerpt dieses Liederbuches erschien 1930 unter dem Titel „Wohlauf, ihr Wandersleut! Lieder für unsere Fahrten“. Dieses Liederheft im Taschenformat enthält nur 84 der ursprünglich 570 Lieder. Auch hier ist bei unserem Kanon Paul Sturm als Autor des Textes angegeben. Seine Verfasserschaft ist also sicher. Die Angabe „mündlich überliefert“ im EG kann nur noch für die Melodie gelten.

Weitere Strophen, bei denen die Quellen allerdings noch unklar sind, lauten:

2. Grünende Fluren in herrlicher Pracht / rühmen des Ewigen Güte und Macht,/ rühmen Gottes Güte und Macht.
3. Ehre sei ewig dem Herrscher der Welt,/ der sie erschaffen und mächtig erhält!/ Ihm sei Ehre! Sein ist die Welt![2]
4. Glänzende Firne und ewiges Eis,/ ragende Gipfel, sie künden es leis:/ Lobt den Schöpfer: Dank ihm und Preis!
5. Send uns, Herr Jesus, hinein in die Welt,/ allen zu künden, dass du sie erwählt,/ der uns geliebt, erlöst und erhält.[3]

Jede Kanonzeile beginnt mit dem Schlusston der vorhergehenden Zeile. Die erste und zweite Zeile sind im Melodieverlauf fast identisch; denn die zweite Zeile ist eine Wiederholung der ersten, allerdings eine Terz tiefer und mit anders gelagerten Halbtonschritten. Beide Zeilen beginnen mit quasi insistierenden Tonwiederholungen auf *Lobet und preiset* und *freuet euch seiner*, bevor die Töne in Bewegung geraten und zur Melodie werden. Durch die Punktierungen werden die Wörter *preiset* und *seiner* hervorgehoben. Die Halben und Viertel der letzten Kanonzeile erklingen wie ein Paukenmotiv und entfalten dadurch eine bekräftigende Wirkung.

Die leicht fassliche Melodie hat zur Beliebtheit des Kanons beigetragen. Ihr Gesamtumfang ist eine Oktave. Sie beginnt in der Höhe, erreicht ihren tiefsten Ton kurz vor Schluss und setzt in der Wiederholung dann wieder oben an. Dadurch bekommt man den Eindruck einer Kreisbewegung. Diese passt gut zum Inhalt; denn mit *Völker* ist ja der ganze Erdkreis gemeint.

Singt man das Lied als Kanon, ergeben sich nur zwei verschiedene Harmonien: Tonika und Dominantseptakkord. Die dritte Kanonzeile bringt dazu die Grundtöne F-F-C-F. Harmonisch ist der Kanon also schlicht. Einfachheit im guten Sinne verkörpert hier den kleinsten gemeinsamen Nenner, auf dem sich alle Völker in ihrer Verschiedenheit wiederfinden können.

[2] Str. 2 und 3 aus: Mein Kanonbuch, tvd-Verlag 1986, dort als „mündlich überliefert“ gekennzeichnet.

[3] Str. 4 und 5 aus: Emmaus-Gang – Vorlage der Kath. Landvolkbewegung, erarbeitet von Roman Aigner, 2004 (http://www.klb-augsburg.de).

Der Kanon von Paul Sturm ist in viele Sprachen übersetzt worden: Arabisch, Englisch, Französisch, Indonesisch, Koreanisch, Portugiesisch, Spanisch, Twi (Ghana).

Er lässt sich gut in Kindergottesdiensten und Familiengottesdiensten einsetzen. Zu Beginn oder am Ende eines Gottesdienstes passt er fast immer. Man kann ihn gut kombinieren mit EG 293 *Lobt Gott, den Herrn, ihr Heiden all*, das einen ähnlichen Inhalt - fußend auf Ps 117 - und dazu sogar in der ersten Choralzeile den gleichen Rhythmus hat wie die ersten beiden Kanonzeilen.

Thomas Schmidt

392 Gott rufet noch

EG 392 EM 266

Text

Verfasser Gerhard Tersteegen **Quelle** *Geistliches Blumen=Gärtlein Jnniger Seelen. Zweite und Vermehrte Edition* (G. Tersteegen), Frankfurt und Leipzig 1735 **Überschrift** *Heute, weil ihr seine Stimme höret. Eigene Melodie, oder: Der Tag ist hin, mein Jesu* **Strophenbau** A11/5a- A11/5a- A10/5b A10/5b vgl. Frank 4.107 **Abweichungen** 5,1 dich *einst;* 7,1 will *ihn* ganz *vergnügen* * EM: 3,2 *der ich in* **Verbindung TM** in der Q ohne N, aber mit Tonangabe (s. Überschrift); *Der Tag ist hin, mein Jesu*: Z I, 938–941 (Neander 1680; Strattner 1691, Stollberg 1717; Steiner 1723)

Melodie

s. *Wie herrlich gibst du, Herr, dich zu erkennen* (EG 271)

Literatur

HEKG (Nr. 271) I/2,417f; III/2,240–242; Sb, 424f; HEG II,320–322 ** ThustB, 345 (Neufassung Ingelheim 2016, 321f); ThustL II, 252–254 ** KLL I (1878/1967), 233 ** Nelle ([3]1924/1962), Nr. 255; RößlerL ([2]2001) 596–637 (bes. 631f) ** NELLE, Wilhelm: G. Tersteegen: Geistliche Lieder. Mit einer Lebensgeschichte des Dichters und seiner Dichtung, Gütersloh **1897** * SAUER-GEPPERT, Waltraut Ingeborg: Zur Mystik in den Liedern Gerhard Tersteegens, in: Klaus Lazarowicz/Wolfgang Kron (Hg.): Unterscheidung und Bewahrung (FS Hermann Kunisch), Berlin **1961**, 304–320 * ZELLER, Winfrid: Gesangbuch und geistliches Lied bei Gerhard Tersteegen, MuK 39 (**1969**) 60–66. * VAN ANDEL, Cornelis Pieter: Gerhard Tersteegen. Leben und Werk – sein Platz in der Kirchengeschichte, Neukirchen-Vluyn und Düsseldorf, **1973** * SAUER-GEPPERT **1984**, 71f.90 * DEICHGRÄBER, Reinhard: „Gott ist genug“. Liedmeditationen nach Gerhard Tersteegen, Göttingen [2]**1997**, bes. 152–157 * BUNNERS, Christian: Gerhard Tersteegens Lieder im Gesangbuch. Ein rezeptionsgeschichtlicher Beitrag, in: Manfred Kock/ Jürgen Thiesbonenkamp (Hg.): Gerhard Tersteegen – Evangelische Mystik inmitten der Aufklärung, Köln **1997**, 77–100 * LOPE, Hans-Joachim: „Gott rufet noch. Sollt ich nicht endlich hören?“ Zum Motiv der ‚Amicitia Dei‘ bei Gerhard Tersteegen und in der spanischen geistlichen Lyrik um 1600, in: ebd., Köln **1997**, bes. 106–113

Das achtstrophige Lied erschien erstmals 1735 in der zweiten Auflage von Tersteegens „Geistlichem Blumengärtlein“ (Nr. 52) und wurde 1736 auch in die zweite Auflage des „Großen Neander“ aufgenommen (Nr. 221). Im Blumengärtlein trägt das Lied die Überschrift „Heute, weil ihr seine Stimme höret“. Dazu wird auf die Melodie von *Der Tag ist hin, mein Jesu, [bei mir bleibe]* verwiesen, ein Abendlied von Joachim Neander, das seinerseits nach der Genfer Melodie zu Psalm 8 von Guillaume Franc und Loys Bourgeois (1542, 1551; im

EG Nr. 271) gesungen wurde. Mit dieser Melodie steht es auch heute im EG in der Abteilung „Umkehr und Nachfolge“. Das Lied hat im 19. und 20. Jh. breite Aufnahme in den Gesangbüchern gefunden.[1]

Das Lied stilisiert einen individuellen Bekehrungsprozess, der lange andauert und gut endet. Ein sieben Strophen währendes leidenschaftliches Selbstgespräch mündet in der achten Strophe ins Gebet. Die ersten vier Strophen gelten dem Ringen zwischen der Abwehr des Rufes Gottes und der Fügung in ihn. In den Strophen der zweiten Liedhälfte überwindet das Ich seinen Widerstand und ergibt sich Gott.

Der im Lied dargestellte Bekehrungsprozess ist typisch für das Milieu des mystischen Pietismus des 18. Jh., in dem der Autor seine Prägung empfangen und das er durch sein Wirken selbst mit geprägt hat. Tersteegen selbst hat sich am Gründonnerstag 1724 nach Jahren geistlicher Ruhelosigkeit in einem mit eigenen Blut geschriebenen Brief seinem Heiland Jesus Christus ‚verschrieben‘.[2] Man darf annehmen, dass Tersteegen das Lied in seelsorglicher Absicht für Menschen geschaffen hat, die er in analogen Konflikten begriffen sah und für die er sich verantwortlich wusste.

Die Liedüberschrift „Heute, weil ihr seine Stimme höret“[3] weist aber in eine weitere Dimension, in der es weniger um eine ein- und letztmalige Bekehrung als um eine lebenslang anhaltende Bewährung geht. Die Überschrift spielt auf die – ihrerseits aus Psalm 95,7 zitierte – Ermahnung aus Hebräer 3,7f an: *Heute, wenn ihr seine Stimme hören werdet, so verstockt eure Herzen nicht*, was der Verfasser des Hebräerbriefes für seine Leserschaft, die er vom Glaubensverlust bedroht sieht, so konkretisiert: *Seht zu, dass keiner unter euch ein böses, ungläubiges Herz habe, das abfällt von dem lebendigen Gott; sondern ermahnt euch selbst alle Tage, solange es ‚heute‘ heißt, dass nicht jemand unter euch verstockt werde durch den Betrug der Sünde. Denn wir haben an Christus Anteil bekommen, wenn wir die Zuversicht vom Anfang bis zum Ende festhalten* (Hebr 3,12–14). Das Heute, an dem die Stimme Gottes – *Gott rufet noch* – vernehmbar wird, ist und bleibt eine Wirklichkeit auch für schon Bekehrte, die sich in der individuellen und gemeinschaftlichen Frömmigkeitspraxis immer neu aktualisiert. Darin bewahrt das pietistische Bekehrungschristentum – und bewahrt auch dieses Lied – einen Grundzug reformatorischer Bußtheologie, der sich klassisch in der ersten der 95 Ablassthesen und im vierten Hauptstück des Kleinen Katechismus Martin Luthers ausprägt: Buße Tag für Tag und lebenslang. Deshalb und in diesem Verständnis kann Tersteegens Bekehrungslied auch von Menschen mitgesungen werden, die – selbst ohne datierbare ‚Bekehrung‘ – bereits im Glauben stehen: *Ergreif mich wohl, dass ich dich nie verlasse* (8,2) – das gilt allemal.

[1] Vgl. die Übersichten bei Nelle 1897, 386 und bei Bunners 1997, 90f.

[2] Vgl. van Andel 1973, 18–25.

[3] Luther übersetzt: *Heute, so ihr seine Stimme hören werdet*; wenn Tersteegen das (hebräisch und griechisch) ursprachliche *wenn* (Luther: *so*) mit *weil* wiedergibt und statt des Futur das Präsens *höret* wählt, setzt er als gegeben voraus, dass die Stimme Gottes *heute* tatsächlich zu Gehör kommt – selbst dann, wenn man *weil* im Sinne von *dieweil* versteht.

Eindringlich setzt jede der ersten vier Strophen mit *Gott rufet noch* ein. Es ist der seit langem immer neu vernommene, aber nicht - oder nur halbherzig - befolgte Ruf zur völligen Hingabe an Gott. Später im Lied wird beschrieben, worauf dieser Ruf zielt und worin er sich erfüllt: *Gott will mich ganz* (6,2) und *Ich gebe mich; Gott soll hinfort allein / und unbedingt mein Herr und Meister sein* (7,3f).[4]

Zunächst wird in den ersten drei Strophen in Form rhetorischer Fragen der eigentlich unbegreifliche bisherige Widerwille thematisiert: *Sollt ich nicht endlich hören?* (1,1); *Sollt ich nicht endlich kommen?* (2,1); *Wie, dass ich mich nicht gebe!* (3,1) - und wird dieser Widerwille wissenden Gewissens in seinem Widersinn charakterisiert: *Wie lass ich mich bezaubern und betören!/ Die kurze Freud, die kurze Zeit vergeht,/ und meine Seel noch so gefährlich steht* (1,2-4; vgl. Gal 3,1; Mk 9,36par); *Ich hab so lang die treue Stimm vernommen./ Ich wusst' es wohl: Ich war nicht, wie ich sollt./ Er winkte mir, ich habe nicht gewollt* (2,2-4; vgl. 1. Thess 5,24; Röm 7,18f; Mt 22,3par; 23,37par); *Ich fürcht sein Joch und doch in Banden lebe./ Ich halte Gott und meine Seele auf./ Er ziehet mich; mein armes Herze, lauf!* (3,2-4; vgl. Mt 11,28-30; Hld 1,4). Es sind die Einreden von *Fleisch, Welt, Vernunft* (6,3), die das von Gott wie eine Braut umworbene Ich zurückhalten, dem Ruf zu folgen.

Die vierte Strophe stellt die zeitliche Frage, die von der ersten Strophe an mitschwingt (*noch* 1,1.4; 2,1; 3,1; 4,1.2.3.4; *endlich* 1,1; 2,1; *kurze Freud, kurze Zeit* 1,3; *so lang* 2,2; *ich halte ... auf* 3,3), ausdrücklich: *Wer weiß, wie lang?* (4,4) Diese Frage lässt ein drohendes Zuspät auf beredte Weise unausgesprochen. Sie bezieht sich auf die hier nochmals in vier Sätzen entfaltete, später als *Langmut ohne Maße* (8,1) gerühmte unendliche Geduld Gottes: *Gott rufet noch* (4,1); *er stehet noch an meiner Tür und klopfet* (4,2; vgl. Offb 3,20); *er ist bereit, dass er mich noch empfang* (4,3; vgl. Mt 25,11f); *er wartet noch auf mich* (4,4; vgl. gleichartig bereits zuvor *er winkte mir* 2,4 und *er ziehet mich* 3,4 sowie hernach *Gott locket mich* 6,1 und *Gott will mich ganz* 6,2).

Wie *ob ich mein Ohr verstopfet* (4,1) auf die in den ersten drei Strophen entfaltete Abwehr des Rufes Gottes zurückverweist, so weist *mein armes Herze, lauf* (3,4) auf die mit der fünften Strophe anhebende Ergebung voraus. Das Selbstgespräch wird rhetorisch geschärft fortgesetzt: mit Selbstaufforderungen (*Gib dich, mein Herz, gib dich nun ganz gefangen ... lass los, lass los; brich alle Band entzwei!* 5,1.3; *nun länger nicht verweilet ... nun länger nicht geteilet*

[4] In seiner Studie „Gott rufet noch" weist Lope anhand eines Textvergleichs mit einem Sonett des spanischen Dichters Lope de Vega aus dem Jahr 1614 mit *Gott rufet noch* mit Blick auf das Motiv der *amicitia Dei* auf, dass Tersteegens Dichtung in einem zeiten- und sprachenübergreifenden „poetischen Universum" (103) wurzelt: „Im Abstand von über 100 Jahren treten hier zwei Texte zueinander in Beziehung, die trotz des grundverschiedenen historischen *ambiente*, in dem ihre Autoren wurzeln, in Ton, Inhalt und Präsentation - nicht zuletzt im suggestiven Gebrauch des Elfsilbers - auf eine tiefliegende Gemeinsamkeit verweisen. Beide [...] variieren das Thema vom göttlichen Seelenfreund, partizipieren also an der *copia verborum* eines historisch weit zurückweisenden mystisch-lyrisch-theologischen Diskurses, mit dem sie nicht nur den Argwohn der jeweils betroffenen Orthodoxie herausfordern, sondern auch ökumenischen Dialog initiieren" (107).

6,1.2), mit begleitenden bzw. begründenden Überlegungen (*Wo willst du Trost, wo willst du Ruh erlangen? … Dein Geist wird sonst in Ewigkeit in nicht frei* 5,2.4), mit einem Gelübde (*Ich folge Gott … Ich gebe mich …* Str. 7) und mit einer entschiedenen Absage an *Fleisch, Welt, Vernunft* (*sag immer, was du willt,/ meins Gottes Stimm mir mehr als deine gilt* 6,3–4; vgl. Lk 9,62; 1. Kön 18,21; Mt 6,24). Dieser abschließenden Abrenuntiation (Absage), in der sich das Selbstgespräch scheinbar an eine externe Instanz wendet, entspricht nach der anderen Seite hin das sich an Gott richtende Gebet, mit dem das Lied ausklingt.

Zwischen Gelübde (Str. 7) und Gebet (Str. 8), in denen sich die rückhaltlose Anvertrauung an Gott vollzieht, herrscht inniger Einklang: *Ich folge Gott … Ich gebe mich …* (7,1.3) und *Ach nimm mich hin … ergreif mich wohl …*. (8,1.2) korrespondieren einander, ebenso *Gott soll hinfort allein / und unbedingt mein Herr und Meister sein* (7,3f.) und *führ, wie du willst, ich bin in deiner Macht* (8,4).

Die Sätze sind kurz und prägnant: „Jede Zeile des ganzen Liedes ist ein Satz für sich (mit alleiniger Ausnahme von Str. 7,3.4)“, beobachtet Wilhelm Nelle.[5] Traugott Stählin spricht „von gewissermaßen ‚proklamierenden‘ Kurzsätzen“.[6] Gedanken, Bilder und Sprache sind biblisch und reformatorisch inspiriert, aber in für die Mystik typischer Auswahl und Zuspitzung: *Ich fürcht sein Joch und doch in Banden lebe* (3,2; vgl. Mt 11,29); *Wo willst du Trost, wo willst du Ruh erlangen?* (5,2; vgl. Hebr 3f); *Dein Geist wird sonst in Ewigkeit nicht frei* (5,4); *Die Gnade soll im Herzen endlich siegen* (7,2); *Herr, rede nur, ich geb begierig acht* (8,3; vgl. 1. Sam 3,10; Lk 10,39).

Das Lied stellt uns in der Tradition des Paulus (Röm 7) und Martin Luthers (Vom unfreien Willen) den zwischen dem Guten und dem Bösen, zwischen Gott und dem Teufel, zwischen Gott und *Fleisch, Welt, Vernunft* (6,3), die jeweils Anspruch auf ihn erheben, hin und her gerissenen Menschen vor Augen[7]. Dabei weiß Tersteegen zwar wie Paulus und Luther von dem Sieg der Gnade – *Die Gnade soll im Herzen endlich siegen* (7,2) –, betont aber unvergleichlich stärker als diese den menschlichen Willen und Entschluss gegenüber dem Ruf Gottes: *Gott rufet noch … Ich folge Gott … Ich gebe mich* (1,1 u. ö.; 7,1.3).

MARTIN EVANG

[5] Nelle 1897, 386.
[6] Traugott Stählin, HEKG II/2, 240.
[7] Vgl. Deichgräber, 154.

461 Aller Augen warten auf dich, Herre

EG 461 RG 97 CG 329 EM 622

Text

Vorlage Ps 145,15–16 **Strophenbau** biblischer Prosatext **Abweichung** RG/CG ohne *Amen*

Satz

Incipit 3b_4_5__5_4__5_1_2_4__2__ **Verfasser** Heinrich Schütz **Quelle** *Zwölff Geistliche Gesänge* (Heinrich Schütz), Dresden 1657 **Überschrift** *Das Benedicite vor dem Essen* **Ausgaben** in allen Schütz-Gesamtausgaben: Sämmtliche Werke (hg. v. Ph. Spitta) Bd. 15; Neue Ausgabe sämtlicher Werke Bd. 7; Sämtliche Werke (Stuttgarter Ausgabe) Bd. 15 **Besonderes** SWV [Werner Bittinger, Schütz-Werk-Verzeichnis, Kassel 1960] 429 **Ambitus** G: 5; Z: 54451 **Abweichungen** Ton tiefer; statt des *Amen* folgen zwei weitere Teile (*Vater unser, der du bist im Himmel*; *Herre Gott, himmlischer Vater, segne uns und diese deine Gaben*) mit je eigenem *Amen* (beide mit Dur-Terz) * RG, CG: ohne *Amen* * EM: *Amen*: beide Silben Ganze Noten **Verbindung MT** wie EG

Literatur

HEG/II, 283-286 ** ThustB, 385f (Neufassung Ingelheim 2016, 362); ThustL II, 384f ** NSK AM (1973) 10, 50 ** BRODDE, Otto: Heinrich Schütz. Weg und Werk, Kassel - Basel - Tours - London / München ²**1979**, 236-243 * HEINEMANN, Michael: Heinrich Schütz, Reinbek ²**2005**, 109f

Aller Augen warten. Die Gemeinschaft schließt die Tiere, die ganze belebte Natur ein. Dieses sogenannte „Benedicite“[1] (Ps 145,15–16) hat ebenso wie sein Gegenstück, das „Gratias“ (Ps 136,1.25a; 147,9–11), mehr als die Menschen vor Augen. Und wie dort Raben und Rosse zum Gleichnis werden, stehen die Menschen hier auch in der Gemeinschaft derer (*alles Fleisch*[2]), deren Augen erwartungsvoll auf den Herrn sehen[3].

[1] Frieder Schulz (Die Hausgebete Luthers, in: Albrecht Peters, Kommentar zu Luthers Katechismen, Band 5: Beichte, Haustafel, Traubüchlein, Taufbüchlein, hg. v. Gottfried Seebaß, Göttingen 1994, 200) macht darauf aufmerksam, dass Luther das „Benedicite“ sowie das „Gratias“ – beachte den lateinischen Ausdruck! – aus der (lateinischen) monastischen Tradition übernommen hat. Da Schulz aber aaO., 201 auf die ähnliche griechische Tradition hinweist, die Ps 145,15f fast durchgängig zu Tisch anführt (vgl. Eduard Freiherr von der Goltz, Tischgebete und Abendmahlsgebete in der altchristlichen und in der griechischen Kirche, Leipzig 1905, 12f.28.53ff, der auf die Verbindungslinien zwischen Judentum und frühem Christentum in der Markus- und Jakobusliturgie hinweist), wäre eine gemeinsame Tradition denkbar, die – wie „die Beracha der jüdischen Gebetstradition“ (aaO., 201) – ihre Wurzeln in häuslicher Frömmigkeit im Judentum haben könnte.

[2] Vgl. auch die lateinische Wiedergabe in Luthers Kleinem Katechismus *omne animal* (BSELK 893).

[3] „Wenn ich so andächtig wäre zum Beten als Peter Wellers Hund zum Essen, so wollt ich noch

Psalm 145 ist im hebräischen Test ein Akrostichon, weisheitliche Sprache prägt Inhalt und Aufbau des Psalms, geronnene Erfahrung wird pädagogisch-katechetisch weitergegeben, das ABC der Güte Gottes, der nicht nur der König (Ps 145,1), sondern auch unser Vater ist[4]. *Aller Augen warten ... und du gibst ...* ist kein Automatismus. Es ist weitergegebene Erfahrung. Ob nun Erfahrungen aus der Wüstenzeit mit einfließen, aus dem Exil, aus karger Zeit, ist nicht näher zu bestimmen. Israel und die Christenheit bekennen Gott als den Geber guter Gaben und bitten deshalb und trotzdem täglich um das Brot. Dabei will der Kontext beachtet werden: Die Bitte um etwas Elementares wie das Brot wird an Gott herangetragen, der als König besungen wird (Ps 145,1).

Aller Augen warten auf dich, Herre,/ und du gibest ihnen ihre Speise zu seiner Zeit,/ du tust deine milde Hand auf / und sättigest alles, was da lebet, mit Wohlgefallen. Ein Vergleich mit der Lutherbibel von 1545 offenbart mehrere Abweichungen: Bei Luther[5] fehlt das präzisierende *Herre*, aus *gibst* wird hier der besseren Singbarkeit wegen *gibest*; Luthers *erfüllest* weicht hier dem *sättigest*, was inhaltlich auf das Gleiche herauskommt.

Eine exegetisch-hymnologische Herausforderung eigener Art ist freilich die *milde Hand*. Alle Ausgaben der Lutherbibel sehen nur die *Hand* aufgetan, die nicht zwangsläufig *mild*[6] ist, weil sie göttlich[7] ist. Der Kleine Katechismus, der das „Benedicite" wiedergibt, hat in der lange gültigen Ausgabe[8] zwar das „HERRE", aber nicht die milde Hand. In der neuen Ausgabe der Bekenntnisschriften[9] wird aus „HERRE" wieder „Herr", dafür findet sich wider Erwarten die milde Hand[10]. Die Überlieferung des Kleinen Katechismus kennt nur die Hand,[11] auch die frühe Vertonung des „Benedicte" durch Mattheus Le Maistre von 1559 hat weder im Lateinischen noch im Deutschen eine milde Hand. Denkbar ist, dass die dichterischen Fassungen des „Benedicite" ihrerseits die biblische Fas-

heute mit Beten den jüngsten Tag erlangen; denn er denkt den ganzen Tag an nichts Anderes, als sein Schüssel auszulecken" (J.G. Walch, Dr. Martin Luthers sämtliche Schriften, St. Louis 1887, Bd.XX, 527, Nr.31).

[4] Dazu vgl. Reinhard Gregor Kratz, Die Gnade des täglichen Brots. Späte Psalmen auf dem Weg zum Vaterunser, ZThK 89 (1992) 1-40.

[5] Allerdings nicht im Kleinen Katechismus, s.u.!

[6] „Mild" ist kein ausgeprägt biblisches Wort, es kommt in der Lutherbibel sehr selten und in den Psalmen gar nicht vor. Nun ist es keineswegs selten, dass in Psalmenvertonungen der Reformationszeit Worte einfließen, die so bei Luther nicht stehen (z.B. bei David Köler, Zehen Psalmen Davids, Leipzig 1554). Die einzige Vertonung aus dieser Zeit – Mattheus Le Maistre, s.u.! – hält sich aber wörtlich an die Vorlage Luthers im Kleinen Katechismus und den dort bezeugten Bibeltext.

[7] *Gewaltig* ist sie ja auch (1. Petr 5,6), sie kann schwer auf einer Stadt liegen (1. Sam 5,11). Hier steht die Hand Gottes aber im Zusammenhang seines Erbarmens (Ps 145,9).

[8] BSELK 522.

[9] BSELK 892.

[10] In BSELK wurde das Konkordienbuch der kritischen Ausgabe (Dresden 1580) auch für die Katechismen zugrunde gelegt. Der Bearbeiter der Ausgabe, Robert Kolb, erwägt, dass einem Mitarbeiter des Druckers Gimel Bergen die „milde" Hand hereingerutscht ist (Mail vom 20.6.2015).

[11] So die Ausgabe des Enchiridions, des Kleinen Katechismus Wittenberg 1547 (Schirlentz), ebenso die Ausgaben Babst 1547, Frankfurt 1557 und Magdeburg 1561 (Kirchner).

sung beeinflussten. Im Gesangbuch der Böhmischen Brüder[12] taucht das auch ins Babstsche Gesangbuch von 1545 übernommene Lied „Allmächtiger gütiger Gott“ m. W. erstmals auf:

ALlmechtiger gütiger Gott / du ewiger Herr Sebaoth, /
aller Augen warten auff dich / und du speysest sie gnedigklich.
Wenn du auffthust dein milte Hand / so frewen sie sich alle sampt /
gniessen deiner guten gaben / dauon sie dich hertzlich loben.

Heinrich Schütz lässt Gott die *milde*[13] *Hand* auftun, um die Speise *zu seiner Zeit*, d. h. zu der Zeit, wo die auf Gott Wartenden[14] sie benötigen, zu geben[15]. Gott kennt keine Ausnahmen. In dem Umfeld der Verse Psalm 145,15f finden sich stets umfassende Aussagen (V. 9.10.13b.14.17.18.20.21). Damit sind alle Kreaturen nicht nur auf den ihnen gütigen Gott angewiesen, sondern loben ihn auch über seinem Tun. Wenn *aller Augen warten* – Luther stellt hier das *aller* betont voran –, dann empfangen sie auch *alle*[16], weil sie Gnade vor den Augen des Gebers gefunden haben.

Siegfried Meier

Von seinem Ursprung her war das Stück wohl für die häusliche geistliche Musikpraxis bestimmt. Schütz hat für die in seinem Haus lebenden Kapellknaben nach eigenem Bekunden die vierstimmigen Sätze des so genannten „Beckerschen Psalters“ geschrieben, und mit dem Tischgebet und dem in der Druckausgabe anschließenden „Vater Unser“ dürfte es sich ähnlich verhalten. Die Ausgabe der „Zwölf geistlichen Gesänge für kleine Kantoreien, op. 13“ ist allem Anschein nach eine Initiative des Dresdner Hoforganisten und Erziehers der Kapellknaben Christoph Kittel gewesen und vereinigt vierstimmige Sätze un-

[12] Michael Weisse/ Jan Roh (Hg.), Ein Gesangbuch der Brüder inn Behemen vnd Merherrn … Nürnberg 1544 [VD 16 W 1633], CXCIIII. Dieses Lied findet sich dann in weiteren Gesangbüchern, z. B. dem „Dreßdnisch Gesangbuch“ von 1656 (S. 1236 / DCXLV) und im „Harmonische[n] Chor- und Figuralgesangbuch“ (Frankfurt 1659). Ähnliche Lieder, die das Benedicite wenn nicht vor Augen, so doch im Sinn haben, sind „Herr Gott nun sey gepreiset“ mit der Zeile *du hast uns wol gespeiset / und gebn ein guten tranck / dein miltigkeit zu mercken* bei Melchior Franck (Contrapuncti Compositi, Nürnberg 1602, XXI, auch später bei Adam Gumpelzhaimer), bei Johann Hermann Schein im Cantional (Leipzig 1645) Nr. 199 *Danckt dem Herrn heut und allezeit / Groß ist sein Güt und Mildigkeit* (vgl. bereits die „Harmoniae Angelicae“ von Erhard Bodenschatz, Leipzig 1608).

[13] Nach Lexer I, 2139 umfasst „mild“ den weiten Bereich persönlicher Großzügigkeit. Auch im DWb ist „mild“ die Eigenschaft eines Höhergestellten (eines guten Fürsten oder Herren), vom christlichen Gebrauch her gewinnt dieses Wort im Deutschen seine Bedeutung „freigiebig“ oder „verschwenderisch“.

[14] *Warten* ist gleichbedeutend mit „Hoffen“ (שבר) und ist personbezogen, d. h. Gottes Hilfe wird erwartet.

[15] So nach dem hebräischen Text; im Deutschen bleibt in der Schwebe, auf wen sich *seiner* bezieht.

[16] Im Hebräischen liegt hier ein schönes Wortspiel von „warten“ / „hoffen“ (שבר) mit „sättigen“ (שבע) vor.

terschiedlicher Länge, die vermutlich aus verschiedenen Schaffensperioden des Komponisten stammen. Es ist Musik für eine regelmäßig gemeinsam singende Gruppe, eher Chormusik als Gemeindegesang. Gattungsmäßig nimmt das Stück im Gesangbuch daher eine besondere Stellung ein. Ein Lied im Sinne der Gattungsdefinition ist es nicht, es ist aber auch kein liturgisches Element zum Einbau in einen gottesdienstlichen Kontext wie etwa ein Leitvers oder ein Antwortruf. Auch ist es wenig sinnvoll, hier von der Melodie zu sprechen: Es handelt sich ja nicht um eine Melodie mit Begleitsatz, sondern die Identität des Stücks hängt am ganzen Satz, am harmonischen Verlauf, am Zusammenspiel der Stimmen. Dazu kommt die rhythmische Organisation als ein Element, das den Charakter sehr stark prägt. Schütz wechselt zwischen der Orientierung am Eigenrhythmus der Sprache und einer stilisierten Deklamation, welche von der musikalischen Form her denkt.

Die erste Zeile verwendet eine Art „quantitierenden" Rhythmus, bei dem die betonten Silben in langen Noten gedehnt werden: *Au*-gen - *war*-ten - *Her*-re. Die zweite Zeile enthält mehr Silben als die erste; dadurch, dass der erste Teil dieser Zeile in schnellen und gleichmäßigen Noten deklamiert wird, erreicht Schütz, dass beide Zeilen dieselbe Länge erhalten, nämlich je acht Pulsschläge, wenn man die Zäsurpausen am Ende mitzählt. Als Doppelzeile bilden sie eine symmetrische Form: zuerst und zuletzt langsam, rasch in der Mitte.

Analog ist das zweite - in sich kontinuierlicher und ohne starke Zäsur verlaufende - Zeilenpaar gestaltet: Gelängte Akzente in der dritten Zeile (*tust* - *Hand*), schnelle Deklamation in der letzten mit einer lang gedehnten Schlusskadenz, die die letzte Zeile auf die doppelte Länge der dritten und auf dieselbe der ersten beiden Zeilen bringt; hier sind es vier und dann wiederum acht Pulsschläge (die Dauer der Schlussnote eingerechnet). So entsteht ein ausbalancierter formaler Gesamtrhythmus, der durch die verkürzte dritte Zeile eine Beschleunigung erfährt. Das im EG angefügte „Amen" ist von Schütz nicht vorgesehen, zumal unter dem Titel „Das Benedicite vor dem Essen" direkt das „Vater unser" anschließt.

Die Harmonik ist durch das Pendeln zwischen den Paralleltonarten bestimmt. (Im EG e-Moll und G-Dur; im Originaldruck ist das Stück in d notiert; die unterschiedlichen Stimmtonhöhen und die meist höher gestimmten Orgeln der Zeit setzen dabei eine gewissermaßen relative Notierung voraus, welche den Grundton nach dem zugrundeliegenden Modus wählt und nicht nach der absoluten Tonhöhe.) Im Großen erfolgt der Wechsel vom Beginn in Moll zur Dur-Kadenz in der Mitte und zurück zum Moll-Schluss. Die Pendelbewegung findet aber auch kleinräumiger statt: Nach dem ersten Akkord in e erfolgt sogleich der Wechsel nach G (*Au-gen*), der Schluss der ersten und die erste Hälfte der zweiten Zeile bewegen sich dann wieder im Bereich von e-Moll, bevor in der Mitte des Stücks (*zu sei-ner Zeit*) die schon erwähnte G-Dur-Kadenz eintritt, durch eine Vorhaltsformel nachdrücklich eingeleitet. Die zweite Hälfte verhält sich dazu komplementär: Beginn in Dur, rascher Wechsel nach Moll (*mil-de Hand*), in der Schlusszeile eine längere Passage in Dur und dann eine ausführliche Kadenz in die Moll-Ausgangstonart, mit der Vorhaltsformel diesmal im Alt (*-fal-*).

Auch wenn das Stück mit Ausnahme der Kadenzformeln im Note-gegen-Note-Satz geschrieben ist, gehört es zum Gattungsbereich der Motette, und insofern müssen für eine melodische Beschreibung alle vier Stimmen in Betracht gezogen werden. Jede für sich enthält sowohl charakteristische Melodiefiguren wie rezitierende Tonwiederholungen und geprägte traditionelle Kadenzformeln. Dies verleiht jeder Stimme ein musikalisches Profil, das zusammen mit der klaren Form den Grund für die leichte Behaltbarkeit des Stücks liefert. Wenn es auch nicht unbedingt ein Gemeindegesang ist, so können wir doch auf der andern Seite immer wieder die Beobachtung machen, dass viele Chorsängerinnen und -sänger es jederzeit auswendig zur Verfügung haben.

Andreas Marti

464 Herr, gib uns unser täglich Brot

EG 464 RG 638+ KG 577+ CG 330+

Text

Verfasser Edwin Nievergelt **Entstehung** 1977 **Vorlage** *Bescher uns, Herr, das täglich Brot* von Nikolaus Herman (1560) 1562 (RG 629) * Mt 6,11 **Quelle** NSKA 28 (1979) 134 **Strophenbau** A8/4a A8/4a A8/4b A8/4b vgl. Frank 4.58 ‚Ambrosianische Hymnenstrophe' **Abweichungen** EG Strophe 1 wird gebildet aus Str. 1,1 + Str. 2,2–4 des dreistrophigen Originals, Str. 3 bleibt * RG/KG/CG: dreistrophiges Original **Verbindung TM** wie EG (so auch die Vorlage) * weitere zur Vorlage: Moritz von Hessen 1601 (*Gesegn uns, Herr, die Gaben dein*; EKG 376, EG BEL 671); Melchior Vulpius (*Bescher uns Herr, das täglich Brot*, 1609 in: Ein neues Lied, Berlin 1932)

Melodie

s. *Lobt Gott, den Herrn der Herrlichkeit* (EG 300)

Literatur

HEG II,52f.231f ** ÖLK Lfg. 4; ThustB, 386 (Neufassung Ingelheim 2016, 363); ThustL II, 384f ** Nievergelt, Edwin: NSKA 28 (**1979**) 134 * Wyss-Jenny, Elisabeth: WGD 4 (**1998**) 136

Der im Original dreistrophige Liedtext *Herr, gib uns unser täglich Brot* des Winterthurer Kirchenmusikers Edwin Nievergelt (1917–2010)[1] entstand 1977, wurde 1979 erstmals veröffentlicht (in der Liedblattreihe NSK) und fand ein Jahr später auch Aufnahme ins Ökumenische Jugendgesangbuch „Kumbaya". Dass dieser Text auf die vierte Unser-Vater-Bitte (Mt 6,11) Bezug nimmt, ist offensichtlich. Die Bezugnahme ist freilich nicht direkt, sondern über ein älteres Lied vermittelt, wie der Textautor selber feststellt: „Der Text geht aus von Nikolaus Hermans Lied *Bescher uns, Herr, das täglich Brot* (EKG 376 bzw. RKG 63), zu dem es eine zusätzlich gemeinte moderne Alternative bieten will."[2] Um die Eigenart dieser Neufassung herausarbeiten zu können, ist daher zunächst jenes ältere, als Vorlage oder Ausgangspunkt dienende Lied des Joachimthaler Kantors und Schulmeisters Nikolaus Herman (1500–1561) in den Blick zu nehmen.

Unter der Überschrift „Die vierde Bitt, ums tegliche Brodt" erst ein Jahr nach Hermans Tod erschienen,[3] stellen die sechs vierzeiligen Strophen von

[1] S. HEG II,231f.

[2] Edwin Nievergelt in seinem Kurzkommentar in NSK 28, 134.

[3] In: Die Historien von der Sindfluth/ Joseph/ Mose/ Helia/ Elisa/ und der Susanna/ sampt etlichen Historien aus den Euangelisten/ Auch etliche Psalmen und geistliche Lieder/ zu lesen und

Bescher uns, Herr, das täglich Brot ein schlichtes und eingängiges Bittlied um Erntesegen dar, das die Lebensverhältnisse des 16. Jh. (katastrophale Folgen einer möglichen Missernte) mit der an Bibel und lutherischem Katechismus geschulten Glaubenslehre deutet:

Die sowohl positiv (*bescher uns*) wie negativ (*behüt uns vor*) formulierte Bitte um das tägliche Brot geschieht *durch dein' lieben Sohn*, der gelehrt hat, Gott als unseren *Vater in dem höchsten Thron* anzurufen (Str. 1). Im Vertrauen auf Gottes Wort (es klingen die Stellen Ps 145,15f; Mt 6,26; Ps 147,9 an) ergeht die Bitte an den Schöpfer und Erhalter allen Lebens (Str. 2+3). Angesichts menschlicher Sündhaftigkeit wird an Gottes Barmherzigkeit appelliert (Str. 4). Daraufhin kann in Str. 5 das Gebetsanliegen aktualisiert zusammengefasst werden: *gib uns ein fruchtbar Jahr.* Und Str. 6 blendet schließlich in vertrauendem Lobpreis zurück zum Ende der ersten Strophe: *Du unser lieber Vater bist, weil Christus unser Bruder ist.* – Insgesamt „strahlt (das Lied) in biblisch kernigem Realismus, der Erde und Himmel, Mensch und Vieh, Arbeit und Sünde, Brot und Gnade, Altes und Neues Testament zusammenschaut".[4]

In lutherischen Gesangbüchern Deutschlands wurde Hermans Bittlied – das sich, wie so oft bei Herman, der knappen Form der ambrosianischen Hymnenstrophe bedient – mit unterschiedlichen Lehnmelodien überliefert. Durch die Singbewegung fand es im 20. Jh. größere Verbreitung.[5]

In welcher Weise bildet nun Hermans *Bescher uns, Herr, das täglich Brot* den „Ausgangspunkt" für Nievergelts *Herr, gib uns unser täglich Brot*? Inwiefern ist dieses Lied eine „moderne Alternative" zu jenem?

Deutlicher als in der auf zwei Strophen gekürzten EG-Fassung[6] lassen sich Aufbau und Aussageabsicht von Nievergelts Liedtext anhand der dreistrophigen Originalfassung erkennen, wie sie in den drei derzeit geltenden Schweizer Gesangbüchern CG, KG und RG bewahrt ist und darum hier wiedergegeben sei:

zu singen in Reyme gefasset/ Fur Christliche Hausveter und jre Kinder/ Durch Nicolaum Herman im Joachimsthal ... Wittemberg. 1562 (DKL 1562[03]); Text vgl. W III,1434.

[4] Bruppacher, 71

[5] Im Liederbuch für die deutsche evangelische Jugend „Ein neues Lied" (1932), Nr. 293 war es mit Melodie und Satz von Melchior Vulpius 1609 verbunden. Im EKG (Nr. 376) war ihm die Melodie von Moritz Landgraf von Hessen 1612 zum Tischlied *Gesegn uns, Herr, die Gaben dein* zugewiesen. Im Stammteil des EG ist Hermans Text nicht mehr vertreten; nur in zwei Regionalteilen (*Bescher uns, Herr, das täglich Brot* EG Wü 666 und EG BEP 671) sind noch die ersten drei Strophen aufbewahrt, kombiniert mit der Melodie und zwei Strophen des eben genannten Tischliedes. In der Schweiz blieb das Lied allerdings zunächst auf den reformierten Bereich beschränkt; hier wird das Lied, ohne inhaltliche Veränderungen gegenüber dem Originaltext, seit 1941 (Probeband) auf die Genfer Melodie zu Psalm 134 gesungen. Probeband (1941), Nr. 113; RKG (1952), Nr. 63; RG (1998), Nr. 629.

[6] Das EG bildet aus den Zeilen 1,1 und 2,2–4 des Originals eine erste Strophe und fügt dann die Zeilen 3,1–4 als zweite Strophe an.

[1.] *Herr, gib uns unser täglich Brot.*
Hilf, alles Leben ist bedroht,
weil unser satter Sinn vergisst,
dass du des Brotes Geber bist.

[2.] *Du gibst uns unser täglich Brot.*
Lass uns bereit sein, in der Not
zu teilen, was du uns gewährt.
Dein ist die Erde, die uns nährt.

[3.] *Herr, du bist unser täglich Brot.*
Du teilst dich aus in deinem Tod.
Wir loben dich und danken dir.
Aus deiner Liebe leben wir.

Hierzu zuerst ein paar formale Beobachtungen: Der Text übernimmt von seiner Vorlage nicht nur die (bloß sprachlich etwas veränderte) Kopfzeile und damit den Bezug zur vierten Vater-Unser-Bitte, sondern auch die schlichte und regelmäßige Strophenform: vier paarig gereimte Zeilen aus jambischen Vierhebern mit betonter Endsilbe. Diese kurze und einprägsame Form lädt ein zu knappen, thetischen Aussagen, die schon im Rahmen einer einzelnen Zeile zu ihrem Abschluss kommen. In Nievergelts drei Strophen lässt sich eine Entwicklung hin zu immer ausgeprägterem „Zeilenstil" festzustellen: Während die erste Strophe nur gerade eine in sich abgeschlossene Zeile (1,1) enthält, sind es in der zweiten Strophe schon zwei Zeilen (2,1 und 2,4), die für sich stehen können; und die dritte Strophe besteht gar aus lauter „Einzeilern". Wachsende Prägnanz also und Bündigkeit von Strophe zu Strophe – und damit übrigens auch eine immer stärkere formale Übereinstimmung mit der (durch lange Noten am Zeilenanfang und vor allem am Zeilenende sowie durch Zeilenpausen) deutlich gegliederten Genfer Melodie.

Sprachlich lehnt sich Nievergelts Text durchaus an das traditionelle Kirchenlied an, etwa mit dem endungslosen Adjektiv (1,1; 2,1; 3,1: *unser täglich Brot*), mit vorangestelltem Genitiv (1,4: *des Brotes Geber*) und weggelassenem Prädikativ (2,3: *was du uns gewährt*). Gleichzeitig zeigt sich in der Veränderung der Kopfzeile (*gib uns* statt *bescher uns*) der Wille, einen ungebräuchlich gewordenen Begriff durch einen geläufigeren zu ersetzen, vielleicht auch sich dem Wortlaut des Vater-Unser-Gebetes anzunähern. Unverbraucht und originell wirkt die Wendung *unser satter Sinn* (1,3), anspruchsvoll und theologisch gefüllt die Aussage *du teilst dich aus in deinem Tod* (3,2).

Im Ganzen dürfte sich also der Anspruch, eine „moderne Alternative" zum alten Lied zu bieten, weniger auf die sprachliche Gestaltung beziehen als vielmehr auf die Intention des Liedes, das den veränderten Lebensverhältnissen und Denkvoraussetzungen Rechnung zu tragen versucht. Der Textautor hat seine Neugestaltung selber so begründet: Heute erwachse die Bitte um das tägliche Brot nicht mehr „aus der damaligen Erfahrung, dass eine Missernte unweigerlich ‚Teurung, Hunger, Seuch und Streit' (Str. 5) im Gefolge hatte. In unserem Land sehen heute die Verhältnisse ganz anders aus. Unsere Supermärkte sind auch dann voller Lebensmittel, wenn schlechtes Wetter die Ernte geschmälert hat. Wir vergessen, dass wir bei aller Entwicklung der Landwirtschaft und des Handels vom Wachsen der Pflanzen abhängig sind, und wir stehen in der Gefahr, eine nicht mehr als Schöpfung gesehene Erde ohne Rücksicht auf hungernde Völker zu unseren Gunsten auszubeuten." So müssten wir den Anruf *Herr, gib uns unser täglich Brot* „erst wieder lernen und uns bewusst werden, dass unsere Nahrung letztlich ein unverfügbares Geschenk ist."[7]

Die eben zitierten Aussagen passen mit ihrer Kritik am westlichen Lebensstil und ihren moralischen Appellen gut mit anderen Kirchenliedtexten zusammen, die in den 60er- und 70er-Jahren des 20. Jh. entstanden sind – vgl. etwa *Gib uns Frieden jeden Tag* (EG 425), auch *Komm in unsre stolze Welt (EG* 428).

Mit ebendiesen Liedtexten teilt unser Lied außerdem ein strukturelles Merkmal, das ebenfalls als „moderner" Anteil gelten kann, nämlich das Prinzip der Reihung: Die jeweils ersten Zeilen der drei Strophen schließen alle gleich lautend mit ... *unser täglich Brot* (und ziehen damit für die zweiten Zeilen die Reimworte *bedroht, Not* und *Tod* nach sich), während die Anfänge der ersten Zeilen in bedeutsamer Weise variieren: *1. Herr, gib uns ... 2. Du gibst uns ... 3. Herr, du bist ...*

Was lässt sich daraus für das inhaltliche Konzept des Liedes ableiten? Wie wird das Reihungsprinzip für die Aussageabsicht, den Skopus des Textes eingesetzt? Darauf wird die folgende Kommentierung der einzelnen Strophen zu achten haben.

Str. 1 folgt ihrer alten „Vorlage", indem sie die vierte Vater-Unser-Bitte (wie bei Herman ohne den Zeitbegriff „heute") an den Anfang stellt. Dieses vertraute liturgische Traditionsstück wird in der Originalfassung sogleich aktualisierend verstärkt und dramatisiert durch eine zweite Bitte, die alle drei weiteren Zeilen der Strophe beansprucht, in einer für ein Kirchenlied ungewohnt komplexen syntaktischen Konstruktion:

Hilf, (denn) *alles Leben ist bedroht,*
  weil *unser satter Sinn vergisst,*
    dass *du des Brotes Geber bist.*

In dieser längeren, als Stoßgebet einsetzenden zweiten Bitte steckt das Eingeständnis eigenen Versagens; das erinnert an die fünfte Vater-Unser-Bitte (*und vergib uns unsere Schuld*), die hier gleichsam von der vierten her ihre Auslegung erfährt.

Auch Str. 2 des Originals enthält in ihren mittleren Zeilen noch eine weitere Bitte *(Lass uns bereit sein ...).* Diese drückt nun aber weniger das unmittelbare Angewiesensein auf Hilfe aus; sie zielt vielmehr auf das eigene Tätigwerden und Handeln, auf die Bereitschaft, in der Not zu teilen. Gerahmt und eingefasst ist diese Bitte von zwei Aussagesätzen mit Bekenntnischarakter: *Du gibst uns unser täglich Brot* (2,1) erinnert an die auch bei Herman angespielte Bibelstelle (Ps 145,15f: *du gibst ihnen ihre Speise zu seiner Zeit*), während *Dein ist die Erde, die uns nährt* (2,4) neu auch die Preisung aus Psalm 24,1 aufnimmt.

[7] Nievergelt aaO.

Dient also die erste Strophe der Originalfassung, die von der gängigen, oft gedankenlos gesprochenen Brot-Bitte des Vater-unser-Gebetes ausgeht, dem Aufweis der tatsächlichen Bedürftigkeit derer, die da singen, so führt sie die zweite Strophe (bzw. Str. 1 der EG-Fassung) zu dankbarem Anerkennen: Die Erde gehört Gott, und er gewährt uns, was wir zum Leben brauchen.

Str. 3 des Originals schließt an den in 2,4 erreichten hymnischen Ton an, mit Sätzen, in denen die Ebene der Alltagssprache noch deutlicher verlassen ist: *Du bist unser täglich Brot* und *Du teilst dich aus in deinem Tod.* Beide Aussagen vergegenwärtigen denjenigen, der sich selbst als *das Brot des Lebens* (Joh 8,35) bezeichnet hat – *das ich geben werde für das Leben der Welt* (Joh 8,51). Der Bezug zum Abendmahl (*das ist mein Leib für euch*) stellt sich wie von selbst ein. Und folgerichtig schließt die Strophe und mit ihr das kurze Lied mit einer Danksagung, die sich begründet weiß in der alles Leben ermöglichenden Liebe Gottes (3,4).

Ausgehend von Hermans Bittlied um Erntesegen, wie es – mit der geschlossenen und eingängigen Melodie von Loys Bourgeois (1551) aus dem Genfer Psalter – unter den Schweizer Reformierten bekannt und beliebt geworden war, hat Nievergelt eine bewusst geformte und theologisch durchdachte Meditation über die Vater-Unser-Bitte um das tägliche Brot gestaltet. Seine „moderne Alternative“ hat Eingang gefunden in alle drei aktuellen Schweizer Gesangbücher: RG und CG ordnen das Lied der Rubrik „Bei Tisch“ zu, das KG zählt es zu den Gesängen zur „Verantwortung für Gottes Schöpfung“. Dass es auch zum Abendmahl verwendbar ist, „die dritte Strophe auch als Dankstrophe nach der Austeilung der Gaben“,[8] zeugt für seinen reichen Gehalt.

So bleibt zum Schluss die Frage, welche Überlegungen es wohl waren, die im Zuge der Redaktionsarbeit am EG-Stammteil zur Reduktion von drei auf zwei Strophen führten. Weil sich entsprechende Protokolleinträge nicht auffinden ließen, sind wir auf Vermutungen angewiesen. Nievergelts Lied steht im EG in der Rubrik „Mittag und das tägliche Brot“, ist also unter die gesungenen Tischgebete eingereiht. Für ein solches Lied bei Tisch, das ja in unterschiedlichen Alltagssituationen verwendbar sein soll, wurden offenbar die beiden kurzen Strophen von eher allgemeinem Inhalt und in prägnant-bündigem Zeilenstil als besser geeignet und auch als ausreichend erachtet. Darum durfte die 1. Str. des Originals mit ihrer recht unvermittelten Dramatik und ihrer eher anspruchsvollen Satzkonstruktion entfallen.

Peter Ernst Bernoulli

[8] So Wyss-Jenny, 136.

476 Die Sonn hat sich mit ihrem Glanz gewendet

Text

Verfasser Otto von Schwerin (?) **Entstehung** 1647 **Quellen** (a) [*PRAXIS PIETATIS MELICA* ... Berlin 1647 (DKL1647^{08})] * (b) *PRAXIS PIETATIS MELICA* ... Berlin 1649 (DKL 1649^{15}) * (c) *PRAXIS PIETATIS MELICA* ... Berlin 1653 (DKL 1653^{04})[1] **Ausgaben** FT II,514 (dort unter unbekanntem Verfasser); PPMEDW I/1[2], 24; Holger Eichhorn/ Martin Lubenow (Hg.): Johann Crüger. Kritische Ausgabe ausgewählter Werke. Crüger Concert Choräle, Bd. I Geistliche Kirchen-Melodien 1649, Germersheim 2014, Nr. 9; Burkard Rosenberger (Hg.): Johann Crügers Geistliche Kirchen-Melodien (1649). Textkritische Edition, Münster 2014, Nr. 9 **Strophenbau** A11/5a- A11/5a- A10/5b A10/5b vgl. Frank 4.95 **Abweichungen** (b+c) 2,3 deine *hand* und hoch*be*rühmte; 5,4 argen *feind*; 7,4 Licht *noch* **Verbindung TM** wie EG * Z I,947 (DKL 1695^{11}) * Z I,956 (Hartmann 1828)

Melodie

s. *Wie herrlich gibst du, Herr, dich zu erkennen* (EG 271)

Literatur

HEKG (Nr. 362) I/2, 522–524; III/2, 472–474; Sb, 302.551f; HEG II, 295–297 ** ThustB, 393f (Neufassung Ingelheim 2016, 370f); ThustL II, 405f ** KLL (1878–1886) I, 132; II, X; RößlerL (^{2}2001) 151.461; PPMEDW (2014ff) I/2^{7}, 24* ** NELLEG, ^{4}**1962**, 180 * FORNAÇON, Siegfried: Jesus meine Zuversicht, MGD 31 (**1977**) 115.117f * AMELN, Konrad: Untersuchungen und Auslegungen einzelner Lieder. Zu S. Fornaçon „Jesus, meine Zuversicht“ MGD 31 (**1977**) 109–120, JLH 23 (**1979**) 219f * DRÖMANN, Hans-Christian: Das Hannoversche Gesangbuch 1646, JLH 27 (**1983**) 164–192 (bes. 188) * SAUER-GEPPERT, Waldtraut Ingeborg: Sprache und Frömmigkeit im deutschen Kirchenlied. Vorüberlegungen zu einer Darstellung seiner Geschichte, Kassel **1984**, 142 * MARTI, Andreas: Aspekte einer hymnologischen Melodieanalyse, JLH 40 (**2001**) 147–173 (bes. 172f)

Das Lied *Die Sonn hat sich mit ihrem Glanz gewendet* spannt einen weiten Bogen: von der Naturbeschreibung der untergehenden Sonne und der Ruhe der Nacht bis zum Licht der Ewigkeit. Unter den Abendliedern ist es nicht so bekannt wie *Nun ruhen alle Wälder* (EG 477), *Mein schönste Zier* (EG 473), *Der Mond ist aufgegangen* (EG 482) oder *Hinunter ist der Sonne Schein* (EG 467). Das liegt vielleicht auch an der weniger volkstümlichen Melodie (Kulp/Büchner/Fornaçon sprechen von einer „unvergleichlich adeligen“ Melo-

[1] Digitalisat: Bayrische Staatsbibliothek, München.

[2] Korth, Hans-Otto/ Miersemann, Wolfgang (Hg.), Johann Crüger. Praxis Pietatis Melica. Edition und Dokumentation der Werkgeschichte [PPMEDW] Bd. I, Teil 1: Praxis Pietatis Melica Editio X. Berlin 1661. Text. Halle/Saale 2014, Bd. I, Teil 2 Apparat, Halle/Saale 2015.

die). Aber das Lied ist sprachlich und inhaltlich auf einem hohen Niveau. Fornaçon nennt es die „beste Schöpfung“ Schwerins.[3]

Sprachlich ist das Lied sehr sauber gearbeitet, jede Strophe enthält 4 Zeilen mit jeweils 5 Jamben, die ersten beiden Zeilen mit unbetontem, die letzten beiden Zeilen mit betontem Versausgang.

In den bisherigen Interpretationen ist darüber diskutiert worden, ob die Ähnlichkeit zwischen diesem Lied und dem Lied von Paul Gerhardt *Nun ruhen alle Wälder* auf eine gegenseitige Kenntnis/Abhängigkeit zurückgeht (so Kulp/Büchner/Fornaçon im Sonderband des HEKG) oder auf eine gemeinsame Quelle im „Paradiesgärtlein“ Johann Arndts (so Köhler im HEKG I/2). Aber man muss hier einen noch größeren Zusammenhang sehen: Das Lied *Die Sonn hat sich mit ihrem Glanz gewendet* steht ebenso wie *Nun ruhen alle Wälder* und ebenso wie Johann Arndt in einer alten kirchlichen Gebetstradition des Abendgebets, die in die Zeit vor der Reformation zurückreicht. Über Luthers Abendsegen (und auch den Morgensegen) hat diese Tradition unter den Evangelischen weitergewirkt. Luther hat seinen Abendsegen parallel zum Morgensegen gestaltet. Der wiederum hat seinen Ursprung in monastischer Tradition, wie sie sich bei dem der Devotio moderna zugerechneten Augustinermönch Johannes Mauburnus in dessen Gebetssammlung „Rosetum exercitiorum spiritualium et sacrarum meditationum“ finden lässt.[4]

In dieser Tradition steht nicht jedes Abendlied des Gesangbuchs, aber bei dem Lied *Die Sonn hat sich in ihrem Glanz gewendet* lassen sich Spuren von Luthers Abendsegen leicht finden. Vor allem die Reihenfolge der Gebetsformulierungen folgt dem Aufbau bei Luther. Aber neben der Anknüpfung an Luther sind dann auch die eigenständigen Formulierungen des Liedes zu beachten:

- Luthers Dank für „gnädigliche Behütung“ an „diesem Tag“ wird in Str. 2 aufgenommen (… *heut* vor aller Not und Plage *durch deine Gnad* … *hast unverletzt und frei hindurchgebracht*).
- Die Bitte um Vergebung „aller meiner Sünden“ bei Luther wird in Str. 3 kunstvoll entfaltet, indem die Sünde als Streben nach dem Finsteren und die Vergebung als das Verlöschen der Schuld durch den göttlichen Gnadenschein beschrieben wird.
- Luthers Bitte um gnädige Behütung in „dieser Nacht“ und die Anbefehlung von „Leib und Seele“ in Gottes Hände wird in Str. 4 aufgenommen, wenn der Betende sich der trüben *Nacht* an*vertraut*. Aber Luthers Stichworte „Leib und Seele“ werden im Lied eindrücklich weitergeführt: Die Bedeutung der Nacht (bzw. des Schlafes) wird zuerst in natürlicher Hinsicht entfaltet: die Rekreation des Leibes, und danach in geistlicher Hinsicht: *Schaff, dass mein Geist dich ungehindert schaue*. Die Dunkelheit hindert die leiblichen Augen am Sehen, und das macht Angst; aber der Geist, das „Organ des inneren Sehens“

[3] Fornaçon 1977, 115.

[4] Vgl. Dorothea Wendebourg, Der gewesene Mönch Martin Luther. Luther – Mönchtum und Reformation, Kerygma und Dogma 52, 2006, 303–327, dort 319.

(Waldtraut Ingeborg Sauer-Geppert), kann Gott *ungehindert* schauen und so die Angst vor der *trüben Nacht* verlieren.
- Schließlich wird die Bitte um den Engels-Beistand gegen den bösen Feind mit seiner Macht in Str. 5 aufgenommen, aber auch charakteristisch abgewandelt: Bei Luther klingt ein Dualismus an, wenn er im Singular Gottes Engel dem bösem Feind gegenüberstellt. Im Lied wird der Engel zu *der lieben Engel Scharen*, die *vor der Macht der Finsternis bewahren*, und der böse Feind zur *List und Tyrannei der argen Welt*.

Gerahmt werden diese an Luthers Abendsegen anklingenden Strophen 2–5 durch eine schöne Situationsbeschreibung von Abend und Nacht in Str. 1 und einen Ausblick auf den Abend des Lebens bzw. die Nacht des Todes in Str. 6 und 7. Auch dieser eschatologische Ausblick hat eine lange Tradition im christlichen Abendgebet. In Str. 1 mag man bei der Formulierung *Menschen, Vieh und alle Welt* tatsächlich auch an Paul Gerhardts *Nun ruhen alle Wälder* denken. Aber ansonsten sind es ganz unterschiedliche, eigenständige Lieder. Es mag ja durchaus sein, dass Paul Gerhardt und der Autor dieses Liedes bei der Dichtung ihrer Abendlieder in irgendeiner Weise voneinander wussten und dass beide das Gedicht von Johann Arndt kannten. Aber um von einer Abhängigkeit zu sprechen, müsste es noch mehr Überschneidungen in der Wortwahl und im Aufbau geben.

Zu beachten ist auch die vielfältige Weise, in der das Thema von Nacht und Dunkelheit variiert und teilweise ins Metaphorische gewendet wird:
- In Str. 1, bei der Naturbeschreibung, ist die Nacht *dunkel*,
- in Str. 2 wird Gott als *Herr der Nächte und der Tage* gepriesen,
- in Str. 3 wird die Macht von Schuld und Sünde als *finster* bezeichnet;
- in Str. 4, wo es um das Gottvertrauen angesichts der Gefahren der Nacht geht, ist die Nacht *trübe*,
- in Str. 5 werden die Engel angerufen gegen die *Macht der Finsternis*.
- In Str. 6, wo es um das Sterben geht, ist die Nacht *lang* – und dann in der letzten, eschatologischen Strophe gibt es (in Anklang an Offb 21,25) *keine Nacht* mehr: keine Nacht nimmt mehr das Licht und die Klarheit weg.

Korrespondierend zu diesen „Nacht-Variationen" steht der sprachliche Umgang mit dem Licht:
- Am Anfang die Naturbeschreibung: der *Glanz* der Sonne.
- In Str. 3 wird der *nach dem, was finster ist,* strebenden Sünde die Gnade als Gnaden*schein* gegenübergestellt (vielleicht in Anklang an den h*ellen Schein* von 2. Kor 4,6).
- In der langen Nacht des Todes (Str. 6) ist vom *Licht im Tode* die Rede, das entsteht, wenn Gott den Toten anblickt. Dabei ist auch die feine Differenzierung beachtenswert: In der natürlichen Nacht kann der menschliche Geist Gott schauen (Str. 4), in der Nacht des Todes blickt Gott den Menschen an (Str. 6).

– Und in der letzten Strophe ist der *Glanz* der Sonne von Str. 1 wieder da: als *Glanz des andern Lebens*, in dem *Licht und Klarheit* herrschen.

Das alles ist eine eindrucksvolle Komposition.

Die Frage, wer Autor dieses Liedes ist, konnte sich nicht definitiv klären lassen. In der 2. Ausgabe der Praxis Pietatis Melica, in der es erstmals gedruckt wurde, erschien es anonym. Im EKG hieß es noch „Autor unbekannt", im EG wird wieder Otto von Schwerin als Autor vermutet. Fornaçon hat sich für die Zuschreibung dieses Liedes (und auch weiterer Lieder, besonders *Jesus, meine Zuversicht*) zu Otto von Schwerin stark gemacht und dafür auch Gründe vorgetragen.[5] Dass das Lied zu der Melodie des Liedes zu Psalm 8 aus dem Genfer Psalter (*O notre Dieu, tout bon, tout adorable*, im EG 271: *Wie herrlich gibst du, Herr, dich zu erkennen*) gesungen wird und vielleicht sogar zu dieser Melodie gedichtet wurde, könnte ein kleines Indiz sein.[6] Denn Otto von Schwerin ist in Königsberg zum reformierten Bekenntnis übergetreten. Danach gehörte er als Rat am Hof- und Kammergericht und später als Oberpräsident des Geheimen Rates beim Großen Kurfürsten zur reformierten Hofgemeinde. Auf seinen Gütern in Wolfshagen und Alt-Landsberg nahm er Hugenotten auf und gründete dort reformierte Gemeinden. Diese Verwurzelung in Brandenburg mag, wenn Otto von Schwerin tatsächlich der Autor ist, dazu beigetragen haben, dass das Lied vor allem in Brandenburg und Norddeutschland ins Gesangbuch aufgenommen wurde: von der Praxis Pietatis Melica über das Porstsche Gesangbuch bis ins Gesangbuch der Provinz Brandenburg (1884). Im Berliner Gesangbuch von 1829 ist es freilich nicht enthalten.

Karl-Heinrich Lütcke

[5] Fornaçon 1977, 109–120. Fornaçons „Beweisführung" für die Autorschaft Schwerins wird von Ameln in JLH 23, 1979, 220 als „fragwürdig" in Zweifel gezogen.

[6] Kulp/Büchner/Fornaçon stellen in HEKG Sb fest: Das EKG verwendet diese Melodie viermal, und „meist zu Liedern aus dem reformierten Raum".

481 Nun sich der Tag geendet

EG 481 RG 573(ö)

Text

Verfasser Gerhard Tersteegen **Quelle** *Geistliches Blumen-Gärtlein Jnniger Seelen. Vierte und vermehrte Edition*, Frankfurt und Leipzig 1745[1] **Überschrift** *LXXVIII. Morgen= oder Abend= Opffer. Melod. Nun ruhen alle Wälder.* [EG 477] **Strophenbau** A7/3a-A7/3a- A6/3b A7/3c- A7/3c- A8/4b vgl. Frank 6.9 **Abweichungen** vor 1: 1. *Wann sich die Sonn erhebet; 2. Die Sonne, Mond und Sterne; 3. Mit den viel tausend Chören, 4. Vor dich mit Ehrfurcht tretten; 5. Die Zeit ist wie verschenket;* 1 = 6. (in der Q mit der Auswahlmöglichkeit zwischen „Tag" und „Nacht"); 2 = 5. *(Die Zeit ist wie verschenket);* 3,4 *die fleischlichen;* 3,5 alle *finstre* * RG: alle neun Strophen des Liedes *Wann sich die Sonn erhebet;* 1,1 Auswahlmöglichkeit zwischen „Tag" und „Nacht" **Verbindung TM** in der Q ohne N, aber mit Angabe der Melodie wie im EG (s. Überschrift)

Melodie

s. O *Welt, ich muss dich lassen* (EG 521)

Literatur

HEKG (Nr. 367) I/2, 529f; III/2, 485–487; Sb, 556f; HEG II, 320–322 ** ThustB, 397 (Neufassung Ingelheim 2016, 374); ThustL II, 416–418 ** KLL (1878–1886) II, 128f; Nelle (^{3}1924/1962) Nr. 449; Bruppacher (1953) 101; RößlerL (^{2}2001) 596–637 (bes. 616.628.634) * SPITTA, Friedrich: Zu Tersteegens Liedern, MGKK 27 (**1922**) 143–147 * SAUER-GEPPERT, Waltraut Ingeborg: Zur Mystik in den Liedern Gerhard Tersteegens, in: Klaus Lazarowicz/ Wolfgang Kron (Hg.): Unterscheidung und Bewahrung (FS Hermann Kunisch), Berlin **1961**, 304–320 * ZELLER, Winfrid: Gesangbuch und geistliches Lied bei Gerhard Tersteegen, MuK 39 (**1969**) 60–66 (bes. 61.65) * DEICHGRÄBER, Reinhard: „Gott ist genug". Liedmeditationen nach Gerhard Tersteegen, Göttingen ^{2}**1997**, 70–78 * BUNNERS, Christian: Gerhard Tersteegens Lieder im Gesangbuch. Ein rezeptionsgeschichtlicher Beitrag, in: Manfred Kock/ Jürgen Thiesbonenkamp (Hg.): Gerhard Tersteegen – Evangelische Mystik inmitten der Aufklärung, Köln **1997**, bes. 91.93–95

Es gibt wohl kein weiteres Beispiel dafür, dass ein Liedtext von seinem Verfasser von vornherein durch die variabel zu formulierende Kopfzeile einer Strophe (der 6.) so gestaltet ist, dass er wahlweise in einander entgegengesetzten Zeit-Situationen (Morgen / Abend) gesungen werden kann. Und es gibt wohl auch

[1] Diese Ausgabe ist nicht nachweisbar. Greifbar ist: *Geistliches Blumen-Gärtlein Jnniger Seelen. [...] Teutschland zum 4ten Mahl gedruckt und nun in America das erste Mahl*, Germantown 1747, s. online-Katalog der Niedersächsischen Staats- und Universitätsbibliothek Göttingen.

kein weiteres Beispiel dafür, dass sich von einem Lied, welches von seinem Verfasser als zusammenhängender neunstrophiger Text (*Wann sich die Sonn erhebet*) geschaffen worden ist, im Lauf der Geschichte die letzten vier,[2] oder, wie jetzt im EG,[3] die letzten fünf zusammenhängenden Strophen ablösen und ein zweites eigenständiges Lied bilden, während die viel längere Urfassung ebenfalls bis heute gesangbuchgestützt[4] in lebendigem Gebrauch ist.

Gerhard Tersteegen, Mystiker, Seelsorger und Gottsucher, war ein Einzelgänger, der Menschen sammelte und Menschen hilfreich begleitete. Der sprachmächtige Laientheologe und Liederdichter veröffentlichte 1745 in der 4. Auflage seines „Geistlichen Blumengärtleins" unter der Überschrift „Morgen=oder Abendopfer" den Text. Erhalten ist die Originalfassung in der Ausgabe, die 1747 in Germantown erschien:[5]

Wann sich die Sonn erhebet,
Die dieses Rund belebet,
Bald grüß ich dich, mein Licht:
Wann sie sich wieder neiget,
Mein Geist vor dir sich beuget
Mit innigster Anbetungs-Pflicht.

Die Sonne, Mond und Sterne,
Was in der Näh und Ferne
Hier Schönes wird geseh'n,
Was sich auf Erden reget,
Was Lufft und Wasser heget,
Soll mit mir deine Macht erhöhn.

Mit den viel tausend Chören
Der Seel'gen, die dich ehren
Vor deinem Throne da,
Mit aller Engel Schaaren
Will ich mein Liedlein paaren
Und singen mit: Halleluja!

Vor dich mit Ehrfurcht treten,
Dich loben, dich anbeten,
O! davon lebet man:
Wohl dem, den du erlesen,
Du seligmachend Wesen,
Daß er zu dir so nahen kann!

[2] Z. B. EKG 367.
[3] EG 481.
[4] RG 573.
[5] Geistliches Blumen-Gärtlein Inniger Seelen; oder Kurtze Schluss-Reimen Betrachtungen und Lieder ueber allerhand Warheiten des iñwendigen Christenthums; Zur Erweckung, Stärckung, und Erquickung in dem verborgenen Leben mit Christo in Gott. Nebst der Frommen Lotteri. Teutschland zum 4ten Mahl gedruckt und nun in America das erste Mahl Gedruckt zu Germanton [sic] bey Christoph Saur/ 1747.

Die Zeit ist wie verschencket,
Drin man nicht dein gedencket,
Da hat mans nirgend gut:
Weil du uns Herz und Leben,
Allein für dich gegeben,
Das Herz allein in dir auch Ruh't.

der Tag
Nun sich geendet
die Nacht
Mein Hertz zu dir sich wendet
und danket inniglich:
Dein holdes Angesichte
zum Segen auf mich richte,
Erleuchte und entzünde mich!

Ich schließe mich aufs neue
In deine Vaters=Treue
und Schutz und Herze ein:
Die fleischlichen Geschäffte
Und alle finstern Kräffte
Vertreibe durch dein Nahe-seyn.

Daß du mich stets umgiebest,
Daß du mich hertzlich liebest
Und ruffst zu dir hinein,
Daß du vergnügst alleine,
so wesentlich so reine,
Laß früh und spät mir wichtig seyn.

Ein Tag der sagt dem andern,
mein Leben sey ein Wandern
Zur großen Ewigkeit:
O Ewigkeit so schöne!
Mein Herz an dich gewehne!
Mein Heim ist nicht in dieser Zeit.

In der 6. Strophe steht das Wort *Tag* im Fließtext über dem Wort *Nacht*, und als Melodie ist *Nun ruhen alle Wälder* angegeben. 1768 hat Tersteegen dann ein Gesangbuch herausgegeben und mit einer Vorrede versehen,[6] in dem sich „Joachim Neandri sämtliche Bundes=Lieder und Dankpsalmen und noch viele andere auserlesene alte und neue Lieder“, darunter viele eigene, finden. Hier ist das Lied unter „Abendlieder“ eingeordnet. Auch hier ist die erste Zeile der 6. Strophe so gedruckt, dass *Tag* und *Nacht* übereinander gesetzt mitten im Liedtext stehen. Das lesende Auge sieht gleichzeitig die beiden Zeitangaben, und auch hier ist die Zuweisung der Abendliedmelodie geblieben.

[6] GOTT=geheiligtes Harfen=Spiel der Kinder Zion.

Es soll hier nicht im Einzelnen auf diese ursprüngliche lange Textfassung und ihre zweifache Verwendungsmöglichkeit eingegangen werden - aber zwei Dinge seien benannt:

Erstens, dass Tersteegen zu dieser Doppelform möglicherweise von außen angeregt wurde, weil ein verbreitetes älteres Abendlied mit dem beinahe gleichlautenden Incipit (*Nun sich der Tag geendet hat*[7]) auf andere Weise, nämlich durch ein zweites Lied, auch zu einer Doppelgestalt gefunden hatte, die zu Tersteegens Zeit bereits recht verbreitet war (*Nun sich die Nacht geendet hat*[8]) und es auch lange Zeit blieb.

Zweitens, dass in der Mitte der ursprünglich neunstrophigen Fassung jene 5. Strophe[9] steht, in der die Zeit überhaupt nicht unter dem in sich so gegensätzlich scheinenden Horizont von Morgen und Abend betrachtet wird, sondern unter dem Gegensatz von einer Zeit, *wie verschenket* - und einer von Herzensruhe erfüllten Zeit. Diese Letztgenannte ist die Zeit, die den Mystiker Tersteegen letztlich interessiert: Sie ist unabhängig von der Tageszeit, ist aber inhaltlich qualifiziert als *Opfer*, als Selbsthingabe also. Die zentrale Bedeutung der 5. Strophe für den ursprünglich neunstrophigen Liedtext hat der Zürcher Theologieprofessor J. P. Lange erfasst: Sein „Deutsches Kirchenliederbuch oder die Lehre vom Kirchengesang"[10] enthält Tersteegens Lied - und zwar bewusst mit Auslassung ausgerechnet jener Strophe, welche die Tageszeit *Tag/Nacht* benennt. Das Lied steht in jenem Kapitel seines Buches, das die Überschrift trägt: „Die Zeit und der Tageswechsel". Hier findet sich das Lied im ersten Abschnitt „Die Zeit". Erst dann folgen die Gruppen von Morgen-, Mittag- und Abendliedern. Um „Zeit" geht es - nicht um „Tageszeit" - um „Zeit" gegenüber von „Ewigkeit".

Im letzten Drittel des 18. Jh. verliert sich in den Gesangbüchern weithin[11] die Spur des neunstrophigen Liedes. Es passt nicht mehr in das religiöse Lebensgefühl der Zeit: Jetzt geht es eher um christliche Weltgestaltung, um das Gespräch mit der Vernunft, aber auch um Empfindsamkeit und frommes Gefühl. Jedoch gibt es im 19. Jh. eine Neuanknüpfung: Karl von Raumer (1783-1863), Theologieprofessor in Breslau und Halle und bedeutender Förderer der Erweckungsbewegung, veröffentlicht in seiner Sammlung „Geistliche

[7] EG 478.

[8] Z. B. in den Halleschen Gesangbüchern von 1714 und 1745, aber auch noch Bayern 1900.

[9] Heute EG 481,2.

[10] Zürich 1843.

[11] In der Schweiz verläuft die Entwicklung etwas anders - wohl nicht zuletzt durch den großen Einfluss von Johann Schmidlins Veröffentlichung von „Ein Hundert geistliche Lieder, zur Erwekkung und Stärckung des inneren und thätigen Christenthums, mit angenehmen und leichten Melodien" (Zürich 1764). Dieses Buch enthält 97 dreistimmig gesetzte, generalbassbegleitete Lieder von Tersteegen (neben drei anderen Liedern) im Stile der häuslichen Andachtsarien; es erfreut sich großer Verbreitung (Faksimile-Edition des Vereins für rheinische Kirchengeschichte Nr. 4, 1997; mit einem Nachwort von Oskar Gottlieb Blarr und einem Text von Dietrich Meyer über „Johannes Schmidlin und seine Vertonung der Tersteegen-Lieder", der darauf hinweist, dass diese Sammlung bis weit in das 19. Jh. hinein „universale Verbreitung gefunden" hat).

Lieder" 1831 die Strophen 6–9 als selbständiges Lied[12] – und darauf folgt eine rasante Verbreitung dieser Form[13] als Abendlied in Liedersammlungen und Gesangbüchern. Daneben trägt aber die neu erwachte hymnologische Forschungs- und Sammeltätigkeit dazu bei, dass auch die neunstrophige Fassung des Liedes nicht verloren geht.[14]

Auch das 20. Jh. kennt die zweifache Spur: Über die verschiedenen Ausgaben des DEG seit 1915 wandert das vierstrophige Abendlied in die landeskirchlichen Gesangbücher und schließlich auch ins EKG. Das Gesangbuch Elsass-Lothringen hatte aber schon 1899 die Originalfassung mit den neun Strophen gebracht. Dieser Fassung schloss sich bereits 1912 das Württembergische Gesangbuch[15] an, dann aber vor allem das seit 1932 bis in die 50er Jahre des 20. Jh. weitverbreitete Liederbuch für die deutsche evangelische Jugend „Ein neues Lied"[16]. Hier begegnet im Großabschnitt „Der Tag" in der Unter-Rubrik „Abend" der Text *Wann sich die Sonn erhebet,*[17] allerdings in einer achtstrophigen Fassung – es fehlt die dritte Strophe des Originals.

Im Gesangbuch der evangelisch-reformierten Kirchen der deutschsprachigen Schweiz (1952) versucht man einen neuen Weg: Man teilt und verteilt die neunstrophige Fassung: Str. 1–5 erscheinen in der Rubrik „Lob und Dank" (Nr. 57), 6–9 weiter hinten im Buch mit eigener Nummer unter „Abend" (Nr. 90). Diese Lösung ist im Nachfolgegesangbuch von 1998 wieder aufgegeben worden. Hier (RG 573) steht das Lied mit allen neun Strophen in dem großen Abschnitt „Gottesdienst im Tageskreis" in der Unter-Rubrik „Morgen"(!), und eine Fußnote weist darauf hin, dass „die Strophen 6–9 auch als Abendlied gesungen werden" können.

Ein letzter Blick auf diese ursprüngliche Langform des Liedes zeigt, dass die ersten vier Strophen jenes Du, das hier angeredet wird, in einem eher hohen Ton besingen: Angesichts der Naturerfahrung von Sonnenaufgang und -untergang geht es um die sich beugende *Anbetung* als *liebe Pflicht;* um *Macht erhöhen* mit Gestirnen und allem, was auf der Erde, in Luft und Wasser[18] sich regt; um *ehren vor deinem Thron* mit Seligen und Engeln im gottesdienstlichen *Halleluja*; schließlich um *nahen* in Ehrfurcht. Das angeredete Du wird zu Beginn in persönlicher Wendung als *mein Licht* angeredet, bleibt zugleich aber auch un-

[12] So Nelle 1918, 288.

[13] Layriz 1844; Basel 1854, Unverfälschter Liedersegen 1858, Hessen 1880, Leipzig 1883 u. a.

[14] Z. B. Albert Knapps „Liederschatz" seit 1837, (Bd. 2, 2867); Lange s. Anm. 10.

[15] Dort Nr. 73, mit 8 Strophen, ohne die ursprüngliche dritte; noch das EKG Württemberg gestattet sich, bei diesem Lied (Nr. 367) 2 Strophen mehr als die anderen EKG-Ausgaben abzudrucken – und zwar unter den Strophen-Nummern 1a und 1b die Str. 4 und 5 des Originals.

[16] Berlin-Dahlem 1932, dort Nr. 309, mit einer Alternativmelodie von Christoph Peter; diesem Liederbuch für die weibliche Jugend entsprach inhaltlich das Liederbuch „Der helle Ton" für die männliche Jugend. Hauptbearbeiter waren – im Hinblick auf die Texte – Otto Riethmüller und im Hinblick auf die musikalische Gestalt Alfred Stier.

[17] Vor den Str. 6–9 stehen in Klammern die Ziffern 1–4, die darauf hinweisen, dass man sich hier von der kürzeren Fassung des DEG unterscheidet.

[18] Vgl. Neander EG 504, *Himmel, Erde, Luft und Meer.*

greifbar als *Wesen*, das zwar *seligmachend* ist, dem man aber nicht aus eigener Kraft *nahen kann.* (Das erinnert an die Wendung *Komm, du nahes Wesen, dich in mir verkläre*, EG 165,8). Aber dann - ab Str. 5 - wechselt der Ton: In jeder Strophe ist nun vom *Herzen*[19] die Rede.

Nun soll sich der Blick auf die Fassung des EG (481) richten, im Hauptabschnitt „Glaube - Liebe - Hoffnung" in der Rubrik „Abend".

Zu Beginn steht eine Art Situationsbeschreibung im *Nun*: Es ist Tagesende - beginnendes Dunkel - es geschieht die Wendung des eigenen Herzens zu einem Du, in Dank und mit der Bitte um Segen. Die Sprache lebt von Bewegung (*geendet, wendet, danket, richte, erleuchte, entzünde*) und Empfindung (*inniglich, hold*) und malt das Gegenüber von *mein Herz* und dem auf mich gerichteten segnenden *Angesichte* als Lichtgeschehen[20]. Zugleich wird durch die Bitte *erleuchte und entzünde mich* als Hintergrund die Überschrift über den Text, die im „Blumengärtlein" steht, sinnfällig: „Morgen= oder Abendopfer" - jene Handlung, die im Alten Israel täglich vollzogen wurde. Hier kann sie im Beten und Singen wahr werden.

Es ist eine glückliche Entscheidung der Herausgeber des EG gewesen, aus dem ersten Teil des ursprünglichen alten Liedes die in der Mitte des Textes stehende 5. Strophe als 2. Strophe in das Abendlied aufzunehmen. In dem jetzt vorliegenden Lied macht gerade diese Strophe deutlich: Es geht nicht nur um die Wahrnehmung einer Tageszeit - es geht um das Thema „Zeit" als solches. Prinzipiell gilt für alle Menschen, nicht nur für das singende Ich: Jeder Mensch (*man*) kann Zeit *verschenken*, sie ungenutzt und nutzlos verstreichen lassen und bleibt so im unguten Ortlosen (*nirgend gut*). Die andere Möglichkeit, der Ruheort, der nicht nur für das jetzt singende Ich, sondern für *uns,* d. h. im Sinn Tersteegens, prinzipiell für alle Menschen, offensteht, ist der, der *du uns Herz und Leben für dich allein gegeben.* Das ist eine gegenseitige Liebesbindung - zugleich auch eine Willensausrichtung. Es geht um Herz und Herz - immer wieder aufs Neue. *Vater= Treue und Herz* sind Schutzraum und Gegenmacht gegen *finstere Kräfte.*

Und dann werden farbig und mit einer Vielzahl von Verben und Adjektiven Glaubensaussagen aufgelistet: Du *umgibest* mich, *liebst* mich, *rufst zu dir hinein, vergnügst alleine - stets, herzlich, wesentlich,* d. h. existenznotwendig, *reine*, d. h. ungetrübt, ganz und gar - ja, ich weiß das alles, aber ich weiß auch, dass nicht ich es bin, der dafür garantiert, dass dieses „Wissen" mein Leben von morgens bis abends prägt. Du musst dafür sorgen, dass mir wichtig bleibt: *du allein vergnügst* / genügst - *früh und spät* - am Morgen und am Abend.

Den Satz „Gott allein genügt", hat Tersteegen über sein Lied *Allgenugsam Wesen* geschrieben.[21] Er sagt das nicht als Weltflüchtiger, er ist mitten drin in einem ihn beständig fordernden Leben: „Ich muss mich beinahe von Morgen

[19] Sauer-Geppert, 134–140.

[20] Die Segensformel 4. Mose 6,24f steht im Hintergrund.

[21] Des Geistlichen Blumengärtleins Drittes Büchlein, oder geistliche Lieder und Andachten, Nr. 14.

bis an den Abend dahingeben, um mich entweder mit einzelnen guten Seelen oder mit mehreren zugleich in ein Gespräch einzulassen."[22] Aber mitten in diesen Anforderungen hört er, was ein Tag dem anderen sagt: *Mein Leben – ein Wandern zur großen Ewigkeit.* Das klingt fremd. Daran muss sich das Herz von Tag zu Tag *gewöhnen.* Aber das kann das Herz im Vielerlei allein gar nicht leisten. Die ungewöhnliche Anrede *O Ewigkeit, so schöne* richtet sich letztlich an jenes Du, das auch bisher angeredet war; sie gilt dem, der mich stets umgibt. Er muss das Herz ausrichten.

Am Ende steht zwar das Fazit: *Mein Heim ist nicht in dieser Zeit.* Aber mitten in dieser Zeit ist die Ewigkeit präsent in der Vatertreue dessen, in dem *allein* das Herz ruht – und der Herz und Leben für ihn *allein* gegeben. Wie auch in anderen Texten des Mystikers Gerhard Tersteegen wird hier deutlich, dass es um eine Grundentscheidung geht: „O, ein Christ zu sein, ist etwas Großes, oder es ist gar nichts!"[23] Das *Herz* steht in der Sprache jener Zeit für „den Menschen" und betrachtet ihn in seiner personalen Ganzheit verinnerlicht.[24] Dabei bezeichnet das Wort *Herz* nicht nur Gefühl und Liebe, sondern vor allem auch den Willen.

Tersteegen hat sowohl im „Blumengärtlein" wie auch in der großen Gesangbuchausgabe von 1768 für die erste Textzeile der ursprünglich sechsten Strophe, die heute die erste Strophe ist, die beiden Worte *Tag* und *Nacht* eingesetzt, die wahlweise zu singen sind. Er wollte, dass dieses Lied sowohl morgens wie auch abends gesungen würde. Und er hat für beide Fälle die Melodie *Nun ruhen alle Wälder* vorgesehen. Sie ist heute mit dem hier besprochenen Abendlied verbunden.[25] Im Wesentlichen hat man sich im Lauf der Jahrhunderte an diese Melodiezuweisung gehalten. Die Sammlung „Das Abendlied"[26] brachte später eine Melodie von Heinrich Scheidemann (1596–1663). Sie war merkwürdigerweise ursprünglich mit einem Höllenlied verbunden.[27] Heute steht sie mit dem vierstimmigen Satz desselben Komponisten bei der Langform des Liedes im RG (573). Aber, aufs Ganze gesehen, blieb – jedenfalls für das Abendlied – die Melodie von *Nun ruhen alle Wälder.*

Merkwürdig ist, dass man im Laufe der Zeit nie verwirklicht hat, was Tersteegen eindeutig gewollt hat: Das Lied sollte morgens *und* abends nach der Melodie *Nun ruhen alle Wälder* gesungen werden. Aber als Morgenlied hat es sich bisher kaum durchgesetzt; und wo es der Fall war, hat man jedenfalls eine andere Melodie gewählt.[28]

22 Walter Nigg (Hg.), Gerhard Tersteegen. Eine Auswahl aus seinen Schriften, Wuppertal 1967, 26.

23 „Warnungsschreiben wider die Leichtsinnigkeit", aaO., 72–91, dort 75.

24 Sauer-Geppert, aaO.

25 Eine sehr intensive und anschauliche Besprechung von Michael Fischer findet sich zu dem Lied EG 521 *O Welt, ich muss dich lassen* in HEG III/9, 85–91, bes. 89–91.

26 Wilhelm Thomas, Konrad Ameln (Hg.), Das Abendlied, Kassel 1930, Nr. 25; FT II,237.

27 *Kommt her, ihr Menschenkinder,/ kommt her, ihr freche Sünder,* in: Johann Rist, Neuer Himlischer Lieder Sonderbahres Buch, Lüneburg 1651, Bl. 282; Z II,2295.

28 RKG 1952, Christoph Peter 1652, so auch in „Ein Neues Lied".

Heute haben wir eine fünfstrophige dichte Textform des Liedes, die es ohne jede Schwierigkeit erlaubt, durch Variierung der zwei Worte in der Kopfzeile dieses Lied so, wie es sein Verfasser wollte, morgens und/oder abends zu singen. Es müsste dann wohl in den Gesangbüchern sowohl in der Rubrik „Morgen" wie in der Rubrik „Abend" mit der vom Textdichter vorgeschlagenen Melodie abgedruckt werden.

Vielleicht ist es zunächst irritierend, ein Morgenlied auf die Melodie von *Nun ruhen alle Wälder* zu singen. Dies liegt wohl daran, dass man, geschult durch eine große Zahl von Morgenliedern, welche die Kirchenliedgeschichte bietet, weiß, welche Themen ein Morgenlied bestimmen: Dank für die Bewahrung in der Nacht, Bitte für den Tag um Bewahrung und Schutz, auch um Förderung der Arbeit, vielleicht am Ende noch die Bitte um geistliche Auferstehung oder ein Blick auf den Jüngsten Tag oder gar, mit Paul Gerhardt, auf den himmlischen Garten. Für die Abendlieder stehen bereit: der Rückblick auf den Tag im Dank oder in der Bitte um Vergebung von Schuld; Bitte um Frieden und Bewahrung in der Nacht oder auch ein Blick auf die letzte Nacht, die man einmal erleben wird. Bei Morgenliedern erwartet man daher in musikalischer Hinsicht vielleicht eher ein wenig Bewegung, bei Abendliedern eher Beruhigung.

Aber Tersteegens Blick ist anders. Das zeigt die Langform seines Liedes; ohne diese bleibt die Deutung der abgetrennten Abendliedstrophen doch vielleicht verkürzt: Sonnenaufgang und -untergang werden bei Tersteegen durchscheinend für eine andere Weise menschlicher Erfahrung: *Bald grüß ich dich, mein Licht / Mein Geist vor dir sich beuget / in innigster Anbetungspflicht.* Ich richte mich nicht aus auf den Tag, den ich jetzt zu bestehen habe – ich richte mich aus auf den, der jede Zeit schenkt, und das setzt sich fort in jeder Strophe des Liedes. *Himmel, Erde, Luft und Meer* sind für mich jetzt nicht mein Arbeitsfeld; sie sind *schön,* weisen über sich hinaus (am Ende des Liedes ist von der *schönen* Ewigkeit die Rede). In meinem Singen nehme ich sie mit und erhöhe die Macht dessen, der sie geschaffen hat. Und ich verbinde mich mit den Seligen und den Engeln und stimme mit ein in das uralte gottesdienstliche Wort fremder Sprache, das die Zeiten durchwandert und bis heute auf der Erde klingt: *Halleluja.*

Fazit: Von solchem Tun, von Lob und ehrfürchtiger Anbetung hängt menschliches Leben ab – nicht nur das Leben des Singenden – nein: *davon lebet man.* Und zugleich gilt: Dass man das lernt, ist geschenkhafte Erfahrung. Sie stellt sich nicht von selbst ein, sie bedarf der Einübung, jeden Morgen neu, jeden Abend[29] neu. Sie will Lebenszeit prägen, Tag für Tag.

Gerhard Tersteegen wusste, was er tat, als er für Morgen- und Abendlied diese eine Melodie vorschlug, die ursprünglich zu dem Sterbelied *O Welt, ich muss dich lassen* (EG 521) gehört. Als Gesangbuchherausgeber kannte er sich in Melodien und ihrer Wirkung aus. Diese wunderbare alte Weise, für die sich

[29] Hier sei ausdrücklich empfehlend hingewiesen auf eine neue Gestalt, die das Abendlied Tersteegens im Mainzer Eigenteil des GL2 (Nr. 711) im Rahmen eines „Kirchlichen Abendgebetes" gefunden hat: Eine Einzelstimme singt die Strophen, alle wiederholen jeweils die letzte Verszeile.

Johann Sebastian Bach begeistert hat[30], ist weitherzig genug und durchaus in der Lage, dem Lied jenen stillen, betenden und zugleich hellen Ton zu verleihen, den dieser Text im gemeinsamen Singen sucht.

Gerade für dieses Lied ist wichtig, was Tersteegen über den praktischen Umgang mit Liedern einmal geschrieben hat:

> Man muss singen mit Andacht: Hertz und Gedancken müssen gesammlet seyn. Dencke nach was dein Mund spricht; singe und psalliere dem HERRN zugleich in deinem Hertzen. Laß dir dein Bäten und dass Loben deines GOttes, einen rechten Ernst sein; es ist ein heiliges und wichtiges Werck. [...] Die Begierde des Hertzens ist das wesentlichste, so wol beym Singen als bey dem gebät. Singen oder bäten, ohne dasjenige zu begehren, was der Mund spricht, ist ein leeres Lippen=geplärr und mit GOTT gespottet[31].

Knapp 200 Jahre nach Tersteegen wird für einen anderen Menschen das Thema Lebenswanderung existentiell wichtig – und deswegen wird ihm Tersteegens Lied wichtig: Am Beispiel Dietrich Bonhoeffers[32] kann man erfassen, dass es hier nicht um Weltfremdheit oder um Rückzug aus dem täglichen Leben geht. Schon zu seinem 17. Geburtstag wünscht sich der Abiturient von seiner Schwester, sie möge ihm mit Pinsel und Farbe die letzte Strophe des Tersteegenschen Liedes aufschreiben. Von dieser Strophe hat er sich lebenslang begleiten lassen: Am Schluss seiner Abschiedspredigt in Barcelona nennt der scheidende Vikar 1929 diese Strophe seinen „Lieblingsvers".[33] Aus der Zelle in Tegel schreibt der Häftling am 18. Dezember 1943 an Eberhard Bethge, es sei gut, „sein Herz an die Ewigkeit zu gewöhnen"[34]. Und schließlich findet sich auch im „Abendgebet" für Mitgefangene, verfasst zu Weihnachten 1943, ein Hinweis auf diese Strophe. Der Text des Mystikers entfaltet auch im Gefängnis von Tegel seine Tag und Nacht prägende Kraft.

Christa Reich

[30] Vgl. Michael Fischer, Nun ruhen alle Wälder, HEG III/9, 90.

[31] Aus der Vorrede zu „Gott-geheiligtes Harfen-Spiel der Kinder Zion".

[32] Zum Folgenden vgl. Christian Bunners, Singen, erfahren, widerstehen – eine Skizze zu Gerhard Tersteegen, in: „... der Wahnsinn des Glaubens". Mystik, Widerstand, Gesang, GAGF 20, 03/2006, 39–51.

[33] DBW Bd. 10, 168.

[34] DBW Bd. 8, 244.

495 O Gott, du frommer Gott

Text

Verfasser Johann Heermann **Vorlagen** nach dem lateinischen Gedicht „Da qui cuncta potes" des Heinrich von Rantzau 1590, vgl. Monatsschrift für Pastoraltheologie 1960, 25f **Quelle** *DEVOTI MUSICA CORDIS. Hauß= vnd Hertz=Musica.* (Johann Heermann), Breslau 1630 (DKL 1630[05])[1] **Überschrift** Gruppenüberschrift: *Etliche Gebet und Andachten. Viel Christliche Hertzen pflegen in ihrem HaußKirchlein nachfolgende Gebete auff beygesetzte Weise zu singen.* * Überschrift zum Lied: *Ein täglich Gebet* **Ausgaben** FT I,355 * *Johann Heermanns geistliche Lieder,* Philipp Wackernagel, Stuttgart 1856 **Strophenbau** A6/3x A7/3a- A6/3x A7/3a- A6/3x A6/3b A6/3x A6/3b vgl. Frank 8.4 **Verbindung TM** in der Q nach Melodie Z III,5136 (*Groß ist, o großer Gott,* J. Heermann), s. o. Gruppenüberschrift * eigene Melodien: Z III,5137 (Hannover 1646), 5138 (s. u. Erste Melodie), 5144 (Crüger 1648), 5145 (Dresden 1676, *O Gott, du großer Gott*), 5147 (Reimann 1747), 5148 (s. u. Zweite Melodie), 5150 (1728), 5151 (1858), 5206c (1785) * Lehnmelodien und im Zusammenhang mit dem Text genannte Melodien: Z III,5139 (1648), 5140 (1657), 5141 (1754), 5149 (1675), 5168b (1723), 5182 (1743), 5193 (1772), 5206b (1698); Z II,2131 (1755), Z II,2204 (1803)

Erste Melodie

Incipit -5_ 1-712 3b_ **Vorlagen** vgl. Kommentar **Quelle** *New Ordentlich Gesangbuch Zu Befoderung der Privat Andacht Zusammen getragen,* Braunschweig 1648 (DKL 1648[02]) **Ausgaben** Z III,5138 (mit Korrektur Z V, S. 394; vgl. auch Z VI, S. 168) **Ambitus** G: 9; Z: 6b7b(6b7b)4444 **Abweichungen** (nach Z:) ¢; nur Zeilentrennstriche; ohne alle ♯; Zeile 6, N. 1 *g'*; Zeile 7, N. 1 und 2 je *c'*; Zeile 8, N. 2–4 *gis' a' h'* **Verbindung MT** Q: *Groß ist, o großer Gott* (J. Heermann) * weitere (nach Z III,5138): *Ach Jesu, dessen Treu* (1660); *Ach Gott, verlass mich nicht*; *Ach klag, ach klage nur*; *Seht welch ein Mensch*; *Wie gnädig warst du, Gott*

Zweite Melodie

Incipit 1__ 3_6_5_.4 3__ **Vorlagen** einzelne Zeilen in verschiedenen Psalmen von *Lust- und Artzeney-Garten des königlichen Propheten Davids,* Regensburg 1675 (DKL 1675[08]; vgl. die Angaben bei Z III,5148 und als Beispiel für eine Vorlage [für Z. 5]: Z III,5149, Z. 7) **Quelle** [*Neu-vermehrtes und zu Ubung Christl. Gottseligkeit eingerichtetes Meiningisches Gesangbuch,* Meiningen 1693 (DKL 1693[04])] **Ausgabe** Z III,5148 (noch nach der Quelle) **Ambitus** G: 6; Z: 65(65)3b445 **Abweichungen** ¢; nur Zeilentrennstriche; große Terz höher; Z. 1, N. 1: *g'*, N. 6: Viertelnote, ohne folgende Pause; Z. 2, N. 1: Achtelnoten *g' as'*; Z. 5, N. 4–5: punktierte Viertel mit Achtel, N. 6: Viertelnote ohne folgende Pause; Z. 6, N. 1: *b'*, N. 2 *g'*; Z. 7, N. 1: Halbenote ohne vorausgehende Pause, N. 2–4 *g' as' b'*; Z. 8, N. 1: *as'*, N. 4: punktierte Viertel, N. 5: Achtelnote *es'*, N. 6 Ganze **Verbindung MT** in der Q wie EG

[1] Digitalisat: Staatsbibliothek zu Berlin (http://digital.staatsbibliothek-berlin.de/werkansicht/?PPN=PPN688378110).

Literatur

HEKG (Nr. 383) I/2,543f; III/2,516–519; Sb 570–572; HEG II,135–137 ** ThustB, 40 (Neufassung Ingelheim 2016, 385f); ThustL II, 445–448 ** KLL 1878–86) II, 150; EEKM (1888–95) II, 492–496; Bruppacher (1953) 92f; MöllerQ (2000) 140; RößlerL (2001) 365f.7f ** FORNAÇON, Siegfried: Ein reformiertes Nunc-Dimittis. Aus der Geschichte einer Melodie, MuK 22 (**1952**) 61–66 * DERS.: Johann Heermann und Heinrich von Rantzau, Monatsschrift für Pastoraltheologie 49 (**1960**) 24–27 * AMELN, Konrad: Unbekannte Psalm-Lieder des Hochbarock, JLH 14 (**1969**) 179–187 (bes. 183–185) * SCHILDHAUER-OTT, Ruth: Der schlesische Dichterkreis des Barock und seine Bedeutung für das evangelische Kirchenlied, Aachen **2004**, bes. 193–205

Das Lied steht im EG mit drei weiteren in der Rubrik „Arbeit". Johann Heermann selber freilich spannt den Bogen weiter, denn in der Sammlung geistlicher Lieder von 1630 „DEVOTI MUSICA CORDIS Hauß- und Hertz-Musica" nennt er es „Ein täglich Gebet". Dem Arbeitsleben widmet er nur die zweite, im weiteren Sinn auch die dritte Strophe. Ins Gebet genommen wird das ganze Leben, von seinem Ursprung bis zur Vollendung, von den Jahren aktiver Gestaltung zu den mehr empfangenden, vom Kreuz, das zu tragen auferlegt ist, bis zur Freude der Erlösten, anschaulich gemacht in heute noch zugänglichen Konkretionen wie Gesundheit und Erfolg, Gewissen und Fleiß, Ratsuche, Umgang mit Feinden, Besitz, Alter, Grab und Auferweckung.

Da, qui cuncta potes, Deus alme, mihiq(ue) meisq(ue)
Sanas in sano corpore mentis opes.
Da simul ut rebus cunctis industrius adsim,
Et propere faciam quae facienda mihi.
Da valeam linguam toto molimine vitae,
Impositumq(ue) feram grande laboris onus.
In duris animum fortem concede periculis,
Hostesq(ue) intrepide vincere Marte tuo.
In consultando prudentiam ab aethere mitte,
Constantemq(ue) ducum gratiam adusq(ue) regum.
Patria feuda, measq(ue) domos, te dante, paratas
Da proprio censu sumptus honestus alat.
Et tandem me post placidam iustam(que) senectam
Aeterna in requie tumba paterna tegat.
Donec me superas rursum revocabis in auras,
Et dabis in nitido regna beata polo.[2]

Der du alles vermagst, erhabener Gott, gib mir und den Meinigen gesunde Geisteskräfte in einem gesunden Leibe. Gib zugleich, dass ich mich aller Dinge fleißig erweise und eilends tue, was ich tun soll. Gib, dass meine Rede gegenüber der ganzen Last des Lebens stark sei und dass ich schwere Bürde der auferlegten Arbeit ertrage. Verleihe mir einen tapferen Mut in harten Gefahren, und unter deinem Kriegsbanner die Feinde unerschrocken zu überwinden. Sende bei Beratungen Klugheit vom Himmel und ebenso die Gunst der Herzöge bis zu den Königen hinauf. Gib nach deinem Rat, dass ehrlicher Gewinn die väterlichen Lehen und meine dazuerworbenen Häuser fördere. Und die Grabstätte der Väter bedecke mich endlich nach einem sanften, redlichen Greisenalter in der ewigen Ruhe, bis du mich in die Lüfte droben wieder herausrufst und mir in des Himmels Glanz die Reiche der Seligkeit schenkst.[3]

[2] Zitiert nach Fornaçon, aaO., 25. Hier findet sich auch die Prosafassung des Gebetes: „*O immense Deus, da mihi meisq(ue) integram sanitatem, in agendo industriam, in efficiendo celeritatem, in dicendo authoritatem: laborem in negotiis, fortitudinem in periculis, in consultando piam prudentiam, contra hostes mitem victoriam et a majoribus gratiae constantiam: facultates honestas, senectutem justam, in religiosis majorum monumentis requiem, et in extreme adventus tui judicio gloriosam resurrectionem, ac beatam immortalitatem.*"

[3] Fornaçon 1960, 25f.

Dass der Liedsammlung Quellen zugrunde liegen, sagt bereits der Untertitel: „Allerley geistliche Lieder / aus den H. Kirchenlehrern." Die Vorlage stammt von Heinrich Rantzau (1526–1598), dem Statthalter des dänischen Königs in Schleswig und Holstein und vielseitigen Humanisten.[4]

Die Überschrift in Rantzaus Genealogiae weist auf eine antike Vorlage hin: „Votum Henrici Ranzovii, Ad Imitationem Xenophontis". Xenophon (* zwischen 430 und 425 v. Chr. in Athen; † nach 355 v. Chr. in Korinth) war Schüler des Sokrates und erinnert in seinen „Memorabilia" an dessen Suche nach tugendhaftem Leben. Rantzau hat Xenophon sehr geschätzt und soll sogar auf Reisen eine handliche Ausgabe seiner Schriften mit sich geführt haben.[5]

Was bei dem antiken Philosophen Gegenstand des menschlichen Strebens ist, wird beim protestantischen Humanisten zum Erbetenen: Die Bitte, „*Da*, qui cuncta potes, Deus alme", steht am Anfang. Hinter einigen Passagen kann man Biographisches vermuten. Das kämpferische „In duris animum fortem concede periculis, hostesq(ue) intrepide vincere Marte tuo" lässt an den erfolgreichen Militär denken. Bei der Rede von der Mehrung des elterlichen Gutes durch eigenes Vermögen tritt der erfolgreiche Ökonom vor Augen und bei „Constantemq(ue) Ducum gratiam adusq(ue) regum" das Streben nach Ruhm und Nachruhm, das den selbstbewussten Renaissance-Menschen auszeichnete. Seine theologische Bildung erhielt Rantzau in Wittenberg. Dabei verkehrte er wohl auch im Haus Martin Luthers. In den konfessionellen Differenzen seiner Zeit wirkte er vermittelnd und trat mit dem Vorschlag eines europäischen Friedens auf der Basis von Glaubens- und Gewissensfreiheit hervor.

So sind bereits humanistische und lutherische Linien verflochten, bevor das Gebet dem schlesischen Pfarrer Johann Heermann bekannt wird. Auch er verbindet reformatorische und humanistische Bildung, wie die kaiserliche Ehrung als „Poeta laureatus", die ihm schon als 23-Jährigem zuteilwurde, zeigt.

Heermann knüpft eng an die Vorlage an, übernimmt die achtversige Gliederung mit kleinen Umstellungen, formt sie aber bereits mit der eröffnenden Gottesanrede charakteristisch um. Der Gott der lateinisch-humanistischen Dichtung wird zum biblischen Gott: Aus „Deus immensus" bzw. „almus" wird der *fromme Gott* und *Brunnquell*. Heermann spricht nicht von dem Unermesslichen, der alles kann, sondern nimmt Anleihe bei der Sprache der Psalmen.[6]

Die Gesundheit wird als erste Gabe genannt. Rantzau erbittet sie für Leib und Geist, Heermann für Leib, Seele und Gewissen. In seinen Predigten ist die

[4] Fornaçon 1960, 24–27. Fornaçon verweist dort auf R. Haupt, der bereits 1938 die Vorlage entdeckte, in: Ders., Weiteres zu Heinrich Rantzau dem Dichter, Nordelbingen, 14. Bd., Heide/Holst. 1938, 335–342. Quelle für Rantzaus Gebet ist die 2. Auflage der GENE-/ALOGIAE / ALIQUOT FAMILIARUM / NOBILIUM IN SAXONIA, die 1590 vom Lüneburger Pfarrer Hieronymus Henniges herausgegeben wurde, 75.

[5] Fornaçon, aaO., 26.

[6] Ps 25,8 in der Lutherübersetzung bis 1975; Ps 36,10; 87,7; Jer 2,13.

Seele das religiöse Subjekt, das durch Lehre, Trost und Vermahnung zur ewigen Seligkeit geführt wird.[7] Vielleicht dachte er bei der Verletzung der Seele auch an die damaligen Zwangskatholisierungen in Schlesien.

Wie sehr die Gesundheit für den Verfasser ein Thema war, ist häufig dargestellt worden, lässt sich seiner Leichenpredigt entnehmen[8] und führte zur Bezeichnung als „schlesischer Hiob".[9] Schon als Kind war er kränklich. Er musste den Schulbesuch in Wohlau sowie sein Studium in Straßburg aus gesundheitlichen Gründen abbrechen. Der Pfarrdienst in Köben war zunehmend von einer Atemwegserkrankung belastet. Starke Hustenanfälle verwehrten ihm ab 1634, seine Predigten selbst zu halten, und zwangen ihn vier Jahre später zur Aufgabe des Amtes.

In der zweiten Strophe verbindet Heermann die Bitte seiner Vorlage mit der protestantischen Stände-Lehre.[10] In einer Predigt über Lukas 22,24–30 führt er aus: „Derowegen, O du Christliche Seele, stehe nicht nach höherm Stande, und dencke nicht uber deine Vermögen, sondern was Gott dir befohlen hat, deß nimb dich stets an. Dann es frommet dir nichts, daß du gaffest nach dem, das dir nicht befohlen ist. Was deines Ampts nicht ist, da laß deinen Fürwitz."[11] Die Bitte um Fleiß korrespondiert mit gängigen Mahnungen in den Predigten der Barockzeit. Sie „enthalten die stets wiederkehrenden Aufforderungen zu fleißigem Tun, verbunden mit der Verurteilung des Müßigganges".[12] In der Bitte um das Tun *zu der Zeit, da ich's soll* klingt der biblische Kairos-Gedanke an, womöglich aber auch schon die frühmoderne Einbettung von Arbeit in terminierte Abläufe. Wirkungsgeschichtlich spielt diese Strophe eine Rolle in der Schlacht bei Leuthen 1757. Als „Choral von Leuthen" hat zwar *Nun danket alle Gott* Berühmtheit erlangt, angestimmt nach dem preußischen Sieg. Begonnen hatten die Soldaten Friedrichs II. die Schlacht aber mit der Strophe *Gib, dass ich tu mit Fleiß, was* sich *zu tun gebühret.*[13] Die Stärke des Chorals, die

[7] Bernhard Liess, Johann Heermann (1585–1647): Prediger in Schlesien zur Zeit des Dreißigjährigen Krieges, Arbeiten zur Historischen und Systematischen Theologie, hg. v. G. Bader, A. Beutel, A. Lexutt, Bd. 4, 94f. Liess zitiert aus Heermanns Predigt zum XX. Sonntag nach Trinitatis: Gott will „durch die Predigt des Evangelii ... die Seelen der Menschen zu warer Buß und Glauben an Christum bringen auff daß sie ewig selig werden".

[8] Johann Holfeld, Bonus Pastor Gregis Christi, Lissa 1647.

[9] So der Untertitel des erbaulichen Büchleins von Rudolf Irmler: Johann Heermann. Der schlesische Hiob. Zeugen des Gegenwärtigen Gottes Bd. 136, Giessen und Basel 1959.

[10] Sabine Holtz zeigt, dass die Begriffe „Beruf", „Stand", „Amt" und „Arbeit" noch nicht exakt unterschieden sind: Dies., Theologie und Alltag. Lehre und Leben in den Predigten der Tübinger Theologen 1550–1750, in: Spätmittelalter und Reformation. Neue Reihe, hg. v. H.A Oberman in Verb. m. L. Graf zu Dohna und K. Elm, Bd. 3, Tübingen 1993, 219.

[11] Zitiert nach Liess, aaO., 162 Anm. 557.

[12] Sabine Holtz zitiert einen Barockprediger mit dem Satz: Braff gearbeitet ist auch gebettet, aaO., 223.

[13] Bernhard R. Kroener, „Nun danket alle Gott." Der Choral von Leuthen und Friedrich der Große als protestantischer Held. Die Produktion politischer Mythen im 19. und 20. Jahrhundert, in: „Gott mit uns". Nation, Religion und Gewalt im 19. und frühen 20. Jahrhundert, hg. v. G. Krumeich u. H. Lehmann, Göttingen 2000, 105–135.

zeitübergreifende Offenheit seiner Formulierungen, lässt auch diese Funktionalisierung zu.

Die Anliegen der dritten Strophe lassen sich auf das *Amt* im Allgemeinen, aber auch auf das Predigtamt beziehen. In der Bitte um Nachdruck in der Rede schwingt vielleicht Heermanns Erfahrung mit, vor allem mit Gesetzespredigten auf Widerstand der Hörer gestoßen zu sein. „Führet ein Prediger und Diener Christi sein Ampt mit Fleiß / und lehret / wie sichs gebühret / so erreget der Teuffel bald eine Part nach der andern / die sich wider jhn aufflehnet."[25] „Unnütze" oder „nichtsnutzige" Worte werden am Tag des Gerichtes offenbar (Mt 12,36f). Gefordert ist aufrichtige Rede, die Bestand hat.

Die Strophen vier und fünf nehmen Konflikte so ins Gebet, dass sich Menschen bis heute mit dem eigenen Erleben darin wiederfinden, auch wenn damals im Hintergrund der Dreißigjährige Krieg stand. Bis 1626 war Schlesien halbwegs vom Schrecken verschont geblieben, obwohl die kaiserliche Politik bereits auf die Stärkung des Katholizismus und die Schwächung der protestantischen Stände zielte. Dann aber nahmen Zwangsbekehrungen, Rekatholisierung der Kirchen und Vertreibung der evangelischen Pastoren überhand. 1629 erreichte der Krieg Heermanns Pfarrei. Köben hatte durch der „Soldaten Qual / Anno 1629 in die 17 Wochen Gefahr / Noth und Elend ausgestanden"[20]. Der Sieg erweise aber nicht die wahre Religion, denn die wahre Kirche müsse ihrem Bräutigam in „Crux und Martyrium" gleichförmig werden[21]. Dass das Kreuz zu den Grundbedingungen menschlicher, besonders christlicher Existenz gehört, führt Heermann in vielen Predigten aus. „O Christliches Hertz / du seyest wer du wollest / ohne Creutz und Trübsal kanstu nicht seyn in der Welt."[22] Sowohl mit diesem Glauben als auch mit der an die Bergpredigt erinnernden Bitte, den Feind mit Sanftmut zu überwinden, geht Heermann weit über Rantzaus Vorlage hinaus. Im *Heldenmut* klingt jedoch noch dessen kämpferischer Gestus an.

Beim Thema *Reichtum, Gut und Geld* folgt Heermann dem lutherischen Verständnis, dass irdischer Besitz nichts Verwerfliches ist, solange sich die Seele nicht daran hängt. Er blickt aber darauf, woher das Gut stammt. Woran er denkt, bleibt offen. Einer der Kritikpunkte reformatorischer Theologie seiner Zeit waren die mit Wucher und Zins arbeitenden Handelsgeschäfte.[23] Heute kann die Forderung nach einer sozialverträglichen Weltfinanzordnung ebenso in den Sinn kommen wie ethisch verantwortete Geldanlagen.

Das Altern wird selten thematisiert. Doch bereits Heinrich Rantzau betet um „placidam justamq(ue) senectam". Heermann wird konkreter und macht die Mühsal dieser Jahre sichtbar. „Alter Leute Seuffzerlein" ist übrigens das vorletzte Gebet seiner Liedsammlung überschrieben: *Verlass mich jetzt und nicht mit Trost,/ Schutz, Hilf und Rath:/ Nachdem ich worden bin Kraftloss/,*

[25] 4. Predigt zum 18. Sonntag nach Trinitatis, zit. n. Liess, aaO., 154 Anm. 494.
[20] So J. Holfeld in der Leichenpredigt auf Heermann, zit. n. Liess, aaO., 47 Anm. 174.
[21] Heermann in einer Trinitatispredigt, zit. n. Liess, aaO., 47.
[22] Heermann in einer Predigt für den Sonntag Jubilate, zit. n. Liess, aaO., 108 Anm. 244.
[23] Holtz analysiert in diesem Sinn Andreae: Vier Predigten vom Wucher, aaO., 230.

alt schwach und matt. Es folgt der Ausblick auf die unvergängliche Welt. Immer wieder mahnt Heermann in seinen Predigten, sich mit dem Sterben zu befassen: „O du Christliche Seele, ..., gedencke alle Tage/ alle Stunden/ ja wenns möglich were/ alle Augenblick an dein Ende, so wirstu nimmermehr ubels tuhn.“[19] Die Furcht vor dem Tod ist durch den Glauben an Christus gemindert: *Durch deinen Todt, Herr Jesu Christ/, mein Todt ein Gang zum Vater ist.*[20] In der Schilderung der himmlischen Welt bleibt Heermann zurückhaltend. Hauptkennzeichen ist die unvergängliche Freude. Das Grab muss nicht grauen, ist es doch „frommer Christen Schlaf-Häuslein“[21], aus dem der Leib auferweckt werden wird, wohingegen die gläubige Seele bereits in der Gemeinschaft der Erwählten am herrlichen Freudenort weilt.

Der Choral gehört zu den im 17. Jh. verbreiteten Andachts- und Erbauungsliedern, die den Christen in angstbesetzter Zeit die Hoffnung auf Erlösung nahebringen. Ihr Ort ist zunächst das „Hauskirchlein“, die persönliche Andacht. Dort wirkt Heermanns Lied als „Antinervosus gegenüber aller geistlichen Verstiegenheit“, „ein Urbild von Nüchternheit“[22] und Trost.

Auch wenn Heermanns Lieder zurückhaltend in der Verwendung poetischer Figuren sind – „hier ist weg der Worte Zierd und Kunst“, heißt es in der Widmung seiner *Devoti musia cordis* –, hatte er früh die Opitzschen Sprachformen aufgenommen und sich auch modernem Versmaß gegenüber aufgeschlossen gezeigt.[23] Hier verwendet er den damals modischen Alexandriner, vier langzeilige sechshebige jambische Reimverse mit 12 oder 13 Silben und einer Zäsur in der Mitte.

Damit stand er allerdings vor dem Problem, dass es hierfür noch kaum Melodien gab. In der Erstveröffentlichung ist die Melodie *Groß ist, o grosser Gott,/ die Noth so uns betroffen* zugewiesen.[24]

[19] So in einer Predigt zu Jesu Abschiedsreden, zit. n. Liess, aaO., 110 Anm. 253.
[20] So Heermann in einer Predigt zu Joh 16, Liess, aaO., 112.
[21] Heermann in: DORMITORIA, Vorrede, zit. n. Liess, aaO., 236.
[22] W. Nelle, zit. n. HEKG III/2, 518.
[23] Volker Meid, Die deutsche Literatur im Zeitalter des Barock. Vom Späthumanismus zur Frühaufklärung 1570–1740, München 2000, 226.
[24] Z III,5136; gemeint ist Pidoux 3a (vgl. auch HEKG Sb, 571).

Die ionische Weise setzt die vier Verse bzw. acht Halbverse so, dass die zweite Hälfte der Strophe die erste leicht variierend wiederholt und der Bogen vom Grundton zur Oktave und wieder zurück zweimal durchschritten wird. Obwohl Heermann vorausschickt, die Lieder seien „auf bekannte und in unseren Kirchen übliche Weise verfasst", hat sich diese Melodie nicht durchgesetzt.

Beide Melodien des EG überführen die vierzeiligen Strophen in eine achtzeilige Barform. In der *Braunschweiger* Melodie (*Melodie I*) kann man Anklänge an die ursprüngliche Melodie finden: im Rhythmus, der an den Genfer Psalter erinnert, und dem syllabischen Verlauf. Auch die vorherrschenden Sekundschritte sowie der wiederholte Terzfall am Zeilenende zeigen Verwandtschaft. Im Melodieverlauf und in der Tonart beweist die Braunschweiger Variante aber Eigenständigkeit: Sie verlässt im zweiteiligen Abgesang den in Stollen und Gegenstollen aufgespannten äolischen Rahmen und moduliert ins Ionische. In der ersten Hälfte lässt sich die über ihren Leitton erreichte Zwischendominante als Durdominante der Durparallele der Tonika lesen. In der Wiederaufnahme des gleichen melodischen Motivs legt sich hingegen eher die Moll-Dominante nahe, die bereits die Rückkehr zur Molltonika anbahnt.

Diese Melodie ist manchmal auch mit anderen Liedtexten Heermanns verbunden oder mit *Ach, Gott, verlass mich nicht* von Salomo Franck, 1714. So wird sie z. B. von Max Reger in einem Orgelchoral (op. 79b) und von Johannes Brahms in einem Choralvorspiel (op. 122, Nr. 7) aufgegriffen. Auch Johann Sebastian Bachs Orgelpartita von 1707 (BWV 767) liegt die Braunschweiger Melodie zugrunde mit einer kleinen Abweichung in der vorletzten Zeile. Sie ist im Stil der klassischen Suite komponiert und nimmt nur in der Strophe 8 Bezug auf den Text.

Siegfried Fornaçon verfolgt die Spur zum reformierten Liedgut und macht über eine Vorstufe einer Magnificat-Vertonung eine Nunc-dimittis-Melodie in den „Aulcuns Pseaumes et Cantiques" (Straßburg 1539) als Wurzel aus.[25] Die Verwandtschaft mit deren äolischer Melodie erscheint allerdings recht weitläufig.

Melodie II hat ihren Ursprung im Psalter des Freiherrn von Hohenberg „Lust- und Artzneigarten des königlichen Propheten Davids" (Regensburg 1675), einer Umdichtung der Psalmen in das Metrum des Alexandriners, mit Generalbass vorwiegend vom Organisten Hieronymus Gradenthaler (1637–1700) vertont. Sie ist wohl, aus einzelnen Zeilen mehrerer Liedweisen zusammengestellt, von Anfang an in verschiedenen Varianten erschienen, verbreitete sich zunächst vorwiegend in Süddeutschland, im 19. Jh. dann auch darüber hinaus. Die Melodie ist aufwärtsgerichtet, zum einen durch den raschen Aufgang zur Sexte, dem Spitzenton, sodann dadurch, dass die einzelnen Zeilen des Abgesangs stufenweise ansteigen, bis sie nach nochmaligem Erreichen des Spitzentons in einer abwärtsgerichteten Sekundkette in den Grundton münden. Der kleine Ambitus, die tonartliche Geschlossenheit und die wenigen Sprünge

[25] Fornaçon 1952, 64.

in Dreiklangsbrechungen erleichtern den Gesang. Die Punktierung in der Kopfzeile sowie die vorwiegend kurzen Auftakte geben der Melodie einen munteren Anstrich. Wie die ältere Braunschweiger Melodie hat auch sie in der ersten Zeile den Aufschwung zur Sexte, allerdings zur großen.

Vereinzelt wird der Liedtext auch weiteren Melodien unterlegt, z. B. *Nun danket alle Gott* (Gesangbuch der Kongregationalgemeinden von Nordamerika, Nr. 394, hier nur die ersten vier Strophen und eine doxologische Schlussstrophe) oder *So prüfet euch doch selbst* (Adam Krieger 1657, geistlich Ahasverus Fritzsch 1679), so im Schlusschoral der Bachkantate „Es ist dir gesagt, Mensch, was gut ist" (BWV 45).

So verbinden sich bei diesem Choral Texttreue und melodische Variabilität: Während die Textgestalt kaum verändert wurde, führt die melodische Entwicklung zu mehreren Fassungen, die sich wiederum auf zwei Grundcharaktere zurückführen lassen: die eher verhalten wirkende, in sich dennoch reiche, vorsichtig tastende Moll-Melodie, deren Schönheit sich erst mit der Zeit erschließt, und die Dur-Melodie, deren zuversichtlicher Grundton schnell mitnimmt. Beide haben ihr Recht bei einem Beter, der die alltäglichen Widerfahrnisse des Lebens ernst nimmt, sich aber gespeist weiß vom *Brunnquell aller Gnaden* und darauf vertraut, dass er himmlischer Freude entgegengeht.

CHRISTINE JAHN

Verzeichnis der bereits erschienenen Liedkommentare

EG	Heft	Seite	EG	Heft	Seite	EG	Heft	Seite	EG	Heft	Seite	EG	Heft	Seite
1	[1]	52	53	[12]	35	105	[4]	58	157	[14]	17	185.2	[6/7]	82
2	[5]	3	54	[12]	39	106	[3]	61	158	[20]	9	185.3	[6/7]	83
3	[5]	5	55	[5]	44	107	[3]	66	159	[20]	13	185.4	[6/7]	84
4	[12]	3	56	[1]	72	108	[10]	65	160	[19]	15	185.5	[6/7]	86
5	[13]	3	57	[1]	77	109	[4]	63	161	[14]	21	186	[6/7]	90
6	[4]	3	58	[2]	40	110	[2]	71	162	[17]	3	187	[6/7]	92
7	[2]	3	59	[11]	22	111	[2]	75	163	[15]	3	188	[6/7]	94
8	[5]	10	60	[12]	43	112	[2]	79	164	[17]	7	189	[6/7]	97
9	[13]	10	61	[4]	31	113	[13]	41	166	[14]	25	190.1	[6/7]	100
10	[12]	12	62	[2]	44	114	[11]	59	167	[23]	3	190.2	[6/7]	102
11	[2]	7	63	[10]	28	115	[2]	85	168	[17]	9	190.3	[6/7]	103
12	[3]	3	64	[1]	81	116	[3]	68	169	[16]	3	190.4	[6/7]	105
13	[5]	17	65	[4]	36	117	[1]	92	170	[18]	9	191	[6/7]	107
14	[5]	22	66	[3]	25	118	[1]	95	171	[22]	3	192	[6/7]	116
15	[10]	3	67	[2]	48	119	[3]	73	172	[14]	31	193	[21]	3
16	[2]	11	68	[10]	30	120	[3]	78	173	[17]	15	195	[17]	17
17	[1]	58	69	[3]	31	121	[3]	81	175	[18]	14	196	[18]	18
18	[5]	28	70	[4]	42	122	[3]	84	176	[15]	7	198	[24]	3
19	[11]	3	71	[12]	47	123	[3]	90	177.1	[6/7]	9	200	[21]	9
20	[1]	62	72	[12]	52	124	[10]	69	177.2	[6/7]	9	201	[6/7]	121
21	[11]	8	73	[11]	26	125	[12]	63	177.3	[6/7]	9	202	[18]	22
22	[10]	9	74	[3]	36	126	[12]	70	178.1	[6/7]	13	207	[18]	30
23	[10]	11	75	[10]	35	127	[11]	63	178.2	[6/7]	14	208	[8]	16
24	[12]	16	76	[3]	40	128	[11]	68	178.3	[6/7]	15	209	[24]	6
25	[12]	25	77	[5]	49	129	[5]	87	178.4	[6/7]	16	210	[6/7]	123
26	[12]	32	78	[11]	33	130	[11]	72	178.5	[6/7]	20	211	[22]	7
27	[13]	16	79	[3]	45	131	[11]	77	178.6	[6/7]	20	213	[14]	33
28	[11]	10	80	[13]	36	132	[11]	81	178.7	[6/7]	20	214	[24]	10
29	[11]	12	81	[11]	37	133	[5]	91	178.8	[6/7]	20	215	[21]	15
30	[2]	17	82	[5]	54	134	[11]	83	178.9	[6/7]	22	216	[18]	35
31	[2]	26	83	[5]	60	135	[2]	89	178.10	[6/7]	23	218	[23]	8
32	[1]	65	84	[4]	53	136	[4]	68	178.11	[6/7]	24	219	[22]	11
33	[4]	9	85	[10]	40	137	[4]	71	178.12	[6/7]	25	220	[14]	38
34	[13]	23	86	[11]	44	138	[10]	76	178.13	[6/7]	26	221	[17]	23
35	[5]	31	87	[5]	71	139	[10]	80	178.14	[6/7]	28	222	[16]	8
36	[10]	23	88	[11]	48	140	[10]	84	179	[6/7]	32	223	[23]	14
37	[2]	28	89	[10]	53	141	[4]	74	180.1	[6/7]	37	224	[22]	17
38	[3]	7	90	[3]	49	142	[12]	77	180.2	[6/7]	40	226	[6/7]	126
39	[4]	14	91	[1]	85	143	[12]	80	180.3	[6/7]	42	228	[17]	27
40	[4]	17	92	[5]	75	144	[11]	88	180.4	[6/7]	45	230	[18]	37
41	[4]	21	93	[3]	52	145	[4]	78	181.1	[6/7]	48	231	[20]	18
42	[3]	12	94	[11]	53	146	[2]	94	181.2	[6/7]	48	233	[22]	21
43	[3]	17	95	[2]	55	147	[4]	83	181.3	[6/7]	48	235	[17]	30
44	[4]	26	96	[1]	89	148	[12]	85	181.4	[6/7]	50	236	[14]	44
45	[11]	17	97	[2]	59	149	[11]	92	181.5	[6/7]	51	237	[15]	9
46	[13]	28	98	[2]	62	150	[13]	45	181.6	[6/7]	55	238	[20]	23
47	[1]	69	99	[10]	55	151	[10]	91	181.7	[6/7]	56	239	[8]	20
48	[2]	34	100	[10]	61	152	[12]	93	181.8	[6/7]	58	240	[6/7]	131
49	[5]	36	101	[12]	56	153	[4]	89	182	[6/7]	59	241	[19]	18
50	[3]	21	102	[3]	56	154	[13]	55	183	[6/7]	63	242	[15]	14
51	[2]	37	103	[5]	81	155	[20]	3	184	[6/7]	72	244	[19]	25
52	[5]	39	104	[2]	66	156	[18]	3	185.1	[6/7]	79	246	[22]	27